BARBARA HOLLAND / HAZEL LUCAS

Unsere Welt

DIE SCHÖPFUNG ENTDECKEN UND BEWAHREN

BRUNNEN VERLAG · GIESSEN/BASEL

Titel der englischen Originalausgabe:
„Caring For Planet Earth"
© des englischen Textes:
1990 Barbara Holland und Hazel Lucas
© der illustrierten englischen Ausgabe:
1990 Lion Publishing, Oxford

CIP-Titelaufnahme der Deutschen Bibliothek

Unsere Welt:
Die Schöpfung entdecken und bewahren /
Barbara Holland; Hazel Lucas.
[Aus dem Engl. von Renate Puchtler]. –
Giessen: Brunnen-Verl., 1991
ISBN 3-7655-5663-7

© der deutschen Ausgabe:
1991 Brunnen Verlag Gießen
Satz: Uhl + Massopust, Aalen
Gedruckt in Belgien

Layout: Graham Round
Illustrationen: Klaus Walker (Umschlag);
Peter Dennis 6 (Komposthaufen), 15, 18
Mick Loates 2,4,5; Denys Oveden 1,4,7 (Panda), 10
Karikaturen: Graham Round

Fotos:
B & C Alexander 8 (links oben u. unten); Aspect Picture Library/David Higgs 10 (links); Mary Evans Picture Library 9 (Mitte); Fritz Fankhauser 20 (rechts); Sonia Halliday Photographs 9 (unten links), /Mark Nicholson 10 (rechts); Robert Harding Picture Library/S. H. & D. H. Cavanaugh 17 (links); Hutchison Library 19 (rechts),/Richard House 7; Frank Lane Picture Agency 11 (rechts); ICCE Photo Library/Glyn Davies 12 (rechts); ICI 20 (links); Lion Publishing/David Alexander 8 (unten rechts),/David Townsend 9 (oben rechts), 18 (oben rechts); Eric Marsh 13 (links); Milk Marketing Board 5 (rechts); Oxfam 14 (oben rechts),/Jeremy Hartley 18 (unten links u. rechts),/Peter Wiles 14 (Mitte); Oxford Scientific Films/Doug Allan 17 (rechts),/Kathie Atkinson 3 (unten rechts),/Henry Ausloos 15 (oben), G. I. Bernard 12 (links),/Stephen Fuller 3 (unten links),/Muzz Murray 1,/Patti Murray 5 (oben),/Stan Osolinski 11 (links),/Charles Palek 2 (links)/Roj Singh 19 (links),/G. H. Thompson 5 (unten),/Kim Westerkov 13 (rechts); Science Photo Library/CNRI/Tektoff-Merieux 6 (links); Zefa (UK) Ltd 20 (Mitte),/Kurt Goebel 14 (links); Zefa (UK) Ltd 20 (Mitte),/Kurt Goebel 14 (links),/E. Hummel 4 (unten),/Paulo Koch 14 (unten rechts),/Krohn 16,/Photo Leidmann 3 (oben rechts),/Masterfile 4 (oben),/M. Thonig 2 (rechts), 15 (unten).

Inhalt

Viele Wunder – ein Plan	1
Leben im Wald	2
Grasland	3
Rauhe Lebensbedingungen	4
Wasserlandschaften	5
Kleinste Lebewesen	6
Veränderungen	7
Wie paßt sich der Mensch an?	8
Fortschritt – zu welchem Preis?	9
Tierwelt in Gefahr	10
Pflanzen sind lebensnotwendig	11
Schätze der Welt	12
Eine riesige Müllkippe?	13
Reich und arm	14
Die Welt erhalten	15
Wir müssen uns einschränken	16
Neue Arten der Energiegewinnung	17
Gesund und munter	18
Alle wollen leben	19
Gibt es Hoffnung?	20

Viele Wunder – ein Plan

Auf unserer Welt gibt es unzählige Arten von Pflanzen und Tieren. Du könntest dich ein Leben lang mit ihnen beschäftigen und würdest doch immer wieder neue Entdeckungen machen.

Die Pflanzen und Tiere in den verschiedenen Teilen der Welt unterscheiden sich beträchtlich voneinander, denn sie müssen sich den unterschiedlichsten Lebensbedingungen anpassen. Es hängt vom Boden und vom Klima ab, welche Pflanzen wachsen, und sie wiederum bestimmen, welche Tiere dort leben können. Eine solche Kombination von Bedingungen nennt man Lebensraum. Wenn du um die Welt reisen würdest, könntest du viele Lebensräume kennenlernen: Grasland, Wälder, Wüsten oder Gebirge. In jedem Lebensraum haben sich ganz bestimmte Pflanzen und Tiere angesiedelt.

Jedes Lebewesen hat aber darüber hinaus noch seinen eigenen kleinen Lebensraum. Das kann ein Laubhaufen sein, ein Waldstück oder ein Teich. Millionen solcher verschiedener Lebensräume gibt es auf der Welt. Überall ergänzen sich Pflanzen und Tiere. Es ist wie in einem Puzzlespiel; sie alle gehören zu einem wunderbaren Plan. Die Sonne spendet Wärme und Licht. Die Pflanzen brauchen dieses Licht, um aus Kohlendioxid, Wasser und den Nährstoffen des Bodens ihre Nahrung zu gewinnen. Von den Pflanzen ernähren sich Tiere, und diese dienen wieder anderen Tieren zur Nahrung. Nach ihrem Tod zerfallen alle Lebewesen in wiederverwertbare Substanzen. Nichts geht verloren. Dieses Zusammenleben verschiedener Arten in gegenseitiger Abhängigkeit nennt man Ökosystem. Damit keine Tier- oder Pflanzenart ausstirbt, muß das Ökosystem im Gleichgewicht bleiben.

Erstaunliche Anpassung

Manche Pflanzen und Tiere besitzen erstaunliche Eigenschaften, um unter schwierigen Bedingungen überleben zu können.

Schutz gegen Kälte

Viele Pflanzen „schlafen", wenn es kalt ist. Manche verlieren ihre Blätter, andere sterben bis auf die Wurzeln ab. Auch manche Tiere halten Winterschlaf. Vorher fressen sie sich voll und verkriechen sich dann in einen warmen Bau. Anderen wächst ein besonders dickes Fell.
Die Kaiserpinguine in der Antarktis schützen ihre Jungen vor dem eisigen

Grünpflanzen wie diese Heckenrose sind auf die Sonnenenergie angewiesen.

Eine Biene trinkt den Nektar der Heckenrose.

Ein Vogel frißt die Biene. (Viele Vögel sind Allesfresser, d. h. sie fressen Tiere und Pflanzen.)

Wenn der Fuchs stirbt, wird sein Körper von Fäulnisbakterien in Mineralien und Humus zersetzt. Diese Stoffe reichern den Boden an, und dadurch gedeihen die Pflanzen besser.

Untergrund. Die Kleinen sitzen einfach auf den Füßen der Eltern.

Futterbeschaffung

Manche Tiere legen weite Entfernungen zurück, um genügend Futter zu finden. Elefanten brauchen so viel, daß sie ständig auf Nahrungssuche unterwegs sind. Die Küstenseeschwalbe fliegt zum Brüten vom Nordpol 18000 km weit bis nach Südafrika oder in die Antarktis. Kamele speichern Fettvorräte in ihrem Höker, und Tulpen Nährstoffe in ihren Zwiebeln.

Wasserhaushalt

Kamele können tagelang ohne Wasser auskommen. Sie magern dabei zwar ab, aber das macht ihnen nicht viel aus. Wenn sie Wasser finden, trinken sie große Mengen in wenigen Minuten und sehen bald wieder gesund aus.
Kakteen und andere Wüstenpflanzen speichern Wasser in ihrem dicken, fleischigen Stamm und in den Blättern.

Feinde überlisten

Einige Tiere tarnen sich vor ihren Feinden. Andere flüchten blitzschnell. Das Stinktier verspritzt bei Gefahr eine scheußlich riechende Flüssigkeit, und Stachelschweine rollen sich zu einem stachligen Ball zusammen. Manche Pflanzen schützen sich mit Dornen oder Stacheln.

Der männliche Darwinfrosch beschützt die Eier seines Weibchens vor den Feinden, indem er sie ins Maul nimmt.

**Der Sonnentau kann nicht genügend Nahrung aus dem mageren Boden gewinnen. Deshalb fängt er mit seinen klebrigen Blättern Insekten und „verdaut" sie.
Diese einfache Nahrungskette zeigt, wie Pflanzen und Tiere in einem Ökosystem verbunden sind.**

Ein Fuchs fängt den Vogel. Er ist Fleischfresser.

Was siehst du?

Untersuche im Garten, im Park oder auf freiem Feld, wie viele Lebewesen auf einem Quadratmeter Erde zu finden sind. Sieh auch im Boden und unter Steinen nach. Schreibe oder male auf, was du bei unterschiedlichem Wetter entdeckst. Male ein Plakat von Pflanzen oder Tieren deiner Umgebung. Stelle fest, wovon sie leben, bei welchem Wetter sie Schutz suchen und wie sie sich vor Feinden schützen.

Leben im Wald

Sicher hast du schon einmal bei einem Spaziergang den Wald als dunkel und geheimnisvoll empfunden. Pflanzen, die auf dem Waldboden wachsen, fühlen sich im Schatten wohl. Im Kampf um die Nahrung aus dem Boden müssen sie sich aber gegen die Bäume durchsetzen. Im schattigen Unterholz verstecken sich Waldtiere, und in den Bäumen nisten Vögel. Der Wald ist ein Lebensraum, der sehr viele Tiere beherbergt.

Laubwälder

Laubbäume verlieren jedes Jahr ihre Blätter. Weite Gebiete Europas waren früher von Laubwäldern bedeckt; viele Bäume waren jahrhundertealt und riesengroß. Aber inzwischen sind viele ehemalige Waldgebiete gerodet worden. Rehe, Hasen, Füchse, Eichhörnchen und viele andere Tiere leben in Laubwäldern. Wenn es nicht zu kalt ist, bleiben die Vögel auch im Winter hier.

In Laubwäldern wie diesem Buchenwald leben verschiedene Insekten, Vögel und Säugetiere.

Achtung! Achtung!

Du kannst einem Bären nicht entkommen, wenn du auf einen Baum kletterst. Mit ihren langen Krallen können die meisten Bären dir nachklettern!

Nadelwälder

Nadelbäume gibt es selbst in Gegenden, die für andere Bäume zu kalt sind, z.B. in Teilen Kanadas und Nordeuropas. In den kurzen Sommern wachsen sie rasch und behalten ihre Nadeln während des ganzen Jahres. Im Winter rutscht der Schnee von den glatten, dünnen Nadeln, so daß die Last nicht zu schwer wird und die Zweige brechen. Bis zum Waldboden dringt nur wenig Licht; er ist mit einem dichten, weichen Nadelteppich gepolstert.

Im Frühjahr und Sommer nisten viele Vögel in den Bäumen, aber den Winter verbringen die meisten von ihnen in wärmeren Gegenden. Waldtiere wie die Eichhörnchen leben vorwiegend von Nüssen und Samen. Andere, etwa Waschbären und Fischotter, fangen Fische aus Flüssen und Seen; Bären fressen Samen und Honig, aber auch Fische und kleinere Tiere.

Der amerikanische Schwarzbär zerkratzt die Rinde von Bäumen, um anderen Bären mitzuteilen: Das ist mein Revier.

Regenwälder

In den dichten, immergrünen Wäldern in Äquatornähe gibt es mehr Tiere und Pflanzenarten als in jedem anderen Gebiet der Erde. Das feuchtwarme Klima sorgt dafür, daß die Bäume schnell heranwachsen – bis zu 30 m hoch. Sie haben meist einen geraden Stamm, und oben in der Baumkrone breiten sich die Äste zu einem Laubdach aus. In ihrem Schatten gedeihen kaum Pflanzen, aber dort, wo die Sonne hingelangt, wächst undurchdringliches Dickicht – der Dschungel.

Überpflanzen (Epiphyten) haben sich oben auf den Bäumen angesiedelt, um genügend Licht zu bekommen. Ihr Same wächst in einer Astgabel heran, später hängen die Wurzeln herab, um Feuchtigkeit aus der Luft zu holen. In ihren trichterförmigen Blättern speichern sie Wasser – ein idealer Teich für Baumfrösche!

Elefanten, Tapire, Okapis und manche Antilopenarten leben in den Regenwäldern der Erde. Jaguare und andere Großkatzen lauern hier auf Beute.

Auch oben im Laubdach leben viele Tiere. Sie finden dort reichlich Nahrung. Flughörnchen und Klettermäuse wohnen dort und natürlich Affen. Es gibt viele Arten von ihnen. Schimpansen und Gorillas zählen zu den Menschenaffen. Sie leben im afrikanischen Regenwald.

Zwischen den Baumkronen fliegen lärmende Papageien und prächtige Paradiesvögel umher. Der größte Adler der Welt, der Harpyie, nistet in den Wäldern Südamerikas.

Kräftige Schlangen winden sich um die Bäume und warten ebenso auf Beute wie große Spinnen, die von den Bäumen baumeln.

Schmetterlinge flattern im Licht, und riesige Kakerlaken huschen durch die Dunkelheit.

Vom Waldboden bis zum Laubdach ist der Dschungel voller Leben. In diesem südamerikanischen Regenwald sieht man einen Brüllaffen (1), eine grüne Boa (2), einen Kolibri (3), die Blüte einer Kletterpflanze (4), einen Tapir mit Jungem (5), einen Papagei (6) und einen Morphofalter (7).

Grasland

Stelle dir eine weite Fläche oder leicht hügelige Landschaft vor. Sie ist von hohen Gräsern bedeckt, die sich im Wind biegen: ein wogendes, grüngoldenes Meer. Die Graslandschaften der Erde sind die Heimat großer Tierherden. Auch kleinere Vögel, Insekten und andere Tiere finden in dem hohen Gräsermeer Unterschlupf. Raubtiere jagen ihre Beute – dabei kommt es auf Stärke und Schnelligkeit an.

Die afrikanische Savanne

Die großen Grasflächen Afrikas heißen Savanne. Zebras, Büffel, Gnus, Antilopen und Giraffen sind hier auf der Suche nach Nahrung. Von diesen Tieren ernähren sich Löwen, Leoparden, Geparden und aasfressende Vögel. Die Natur kann grausam sein zu Tieren, die langsamer und schwächer sind als andere; aber es überleben normalerweise genug, um den Fortbestand der Art zu sichern.
An den Wasserstellen findet man die drei größten Landtiere der Erde: afrikanische Elefanten mit langen Stoßzähnen und großen Ohren, schwerfällige Nilpferde und gefährliche Nashörner.
In ihrer Nähe leben oft Kuhreiher. Wenn die Dickhäuter den Boden aufwühlen, finden auch diese Vögel allerlei zu fressen. Vögel, die Madenhacker, sitzen auf dem Rücken der Nashörner und picken die lästigen kleinen Insekten aus der dicken Haut der Tiere. So helfen sich viele Tiere gegenseitig.

Antilopen und Zebras grasen in der Savanne am Fuß des Kilimandscharo. Die Herde bietet Schutz vor Raubtieren.

Steppe und Prärie

Die großen Ebenen Europas und Asiens nennt man Steppe. Im Sommer ist es hier meist heiß, im Winter sehr kalt. Das ganze Jahr hindurch fällt wenig Regen. Es gibt große Grasflächen und einige blühende Pflanzen, aber Bäume wachsen nur an See- oder Flußufern.
In Amerika nennt man solche Ebenen Prärie. Einst waren sie die Heimat großer Bisonherden. Heute wird ein großer Teil des Landes für den Ackerbau genutzt.

Im vorigen Jahrhundert wurde der amerikanische Bison oder Büffel beinahe ausgerottet. Es gibt ihn nur noch in Naturschutzgebieten.

Die Ebenen Australiens

Der sogenannte Präriehund ist eigentlich ein Erdhörnchen.

In den australischen Ebenen leben viele Tiere, die es nirgendwo sonst auf der Welt gibt. Die bekanntesten von ihnen sind die Känguruhs. Mit ihren langen Hinterbeinen können sie weit springen.

Das Känguruhkind kann fressen, ohne den sicheren Beutel der Mutter zu verlassen.

Rauhe Lebensbedingungen

In manchen Regionen der Erde herrschen extreme Umweltverhältnisse – es ist sehr heiß oder sehr kalt, oder der Boden ist steinig und karg. Das Leben dort ist hart. Dennoch gibt es auch hier Tiere und Pflanzen, die für ihr Leben unter rauhen Bedingungen bestens ausgerüstet sind.

Die Bergwelt

Im Gebirge ist es kälter als in der Ebene: Manche Berggipfel sind immer mit Schnee bedeckt. In den südamerikanischen Anden wachsen seltene Pflanzen deshalb windgeschützt in Felsspalten. Adler und Kondore bauen ihre Nester in Klippen – vor Angreifern geschützt. Lamas erklimmen trittsicher die Felsbänke und fressen Pflanzen, die für andere Tiere unerreichbar sind.

Leben am Polarkreis

Kannst du dir vorstellen, in einem Land zu leben, das die meiste Zeit des Jahres von Eis und Schnee bedeckt ist? Am Nord- oder Südpol? Die Tiere haben es dort bei der Futtersuche besonders schwer.

Die Arktis

Unter dem Nordpol gibt es kein Land, sondern nur Eis. Aber die Nordspitze von Amerika, Skandinavien und der Sowjetunion sowie ein Großteil Grönlands liegen in der Arktis.
Im Winter ist es bitter kalt, und der Boden ist mit Schnee bedeckt. Aber im Sommer kann es für einige Monate recht warm werden. In einem großen Gebiet der Arktis, in der Tundra, schmilzt dann der Schnee. Und sofort wachsen Gräser, Moose und kleine Pflanzen, von denen sich viele Tiere ernähren.
Manche dieser Tiere sind nur Sommergäste, z. B. Rentiere, Moschusochsen und Elche, die auf der Suche nach neuem Weideland hierherkommen. Kleinere Pflanzenfresser wie Lemminge, Mäuse und Hasen knabbern die Blätter an.
Von diesen kleinen Tieren ernähren sich Füchse und Wölfe. Das größte und stärkste Raubtier in der Arktis ist der Eisbär, der vorwiegend Robben und Fische jagt und nur gelegentlich auch andere Tiere angreift.
In der Tundra leben außerdem zahlreiche Vögel; die meisten von ihnen allerdings nur im Sommer.

Die Antarktis

Die Antarktis ist ein großer Kontinent am Südpol. Dort herrschen die niedrigsten Temperaturen der Erde; das Land ist mit Eis bedeckt. Im Sommer schmilzt in den Randgebieten das Eis, so daß Moose und Flechten wachsen können.
Die bekanntesten Tiere der Antarktis sind die Pinguine. Sie leben oft zu Tausenden in Kolonien zusammen und kuscheln sich eng aneinander, um warm zu bleiben.

Der Eisbär, das größte und stärkste Tier der Arktis.

Die Polarmeere

Obwohl das Wasser in den Eismeeren sehr kalt ist, wimmelt es von Lebewesen. Es gibt dort viele Fischarten. Robben und Wale sind Säugetiere; eine dicke Fettschicht (Tran) sorgt dafür, daß sie nicht frieren. Das Blut der Fische hat eine besondere Zusammensetzung, wodurch eine Eisbildung im Körper verhindert wird.
Fische und Wale leben von kleinen Meerestieren und Algen; Robben bevorzugen wiederum Fische.

Luftpolster zwischen den Federn verhindern, daß die Pinguine im eisigen Wasser frieren.

Die Wüste lebt

Auch die heiße Wüste ist ein ganz besonderer Lebensraum. Es gibt dort wenig Wasser, aber große Stein- und Sandflächen. Die Pflanzen und Tiere, die hier leben, müssen mit wenig Wasser auskommen.

Wasserspeicher

Alle Pflanzen nehmen mit den Wurzeln Wasser auf, das sie durch die Blätter wieder abgeben. Viele Wüstengewächse haben deshalb meterweit verzweigte Wurzeln, um genügend Feuchtigkeit zu finden. Kakteen – als typische Wüstenpflanze – können in ihren dicken Stämmen Wasser speichern. Statt Blätter besitzen sie Stacheln, durch die nicht so viel Feuchtigkeit verdunstet. Wenn es geregnet hat, blühen sie auf und liefern vielen Insekten Nahrung.

Kampf gegen die Hitze

Die Wüstenschildkröte schaufelt eine Grube in den Sand, um der Hitze des Tages zu entfliehen. Oft suchen dort auch Giftschlangen, Insekten, Sandkröten oder Känguruhratten Zuflucht. Auch die Erdhörnchen graben sich ein.
Der Gilaspecht wohnt in den kühlen Löchern großer Saguaro-Kakteen. Wenn er seine Höhle verläßt, zieht vielleicht eine Zwergeule ein.

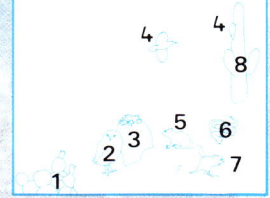

In dieser nordamerikanischen Wüste sehen wir drei Kakteenarten – Opuntia (1), Echinocereus (3) und Saguaro (8), eine Höhleneule (2), einen Gilaspecht (4), ein Erdhörnchen (5), eine Seitenwinder-Klapperschlange (6) und eine Känguruhratte (7).

Wasserlandschaften

Fast zwei Drittel der Erdoberfläche sind von Wasser bedeckt. Das meiste davon ist Salzwasser in Meeren und Ozeanen. Flüsse und Seen enthalten Süßwasser. Eine große Vielfalt von Geschöpfen lebt im Wasser, von den großen Walen in den Ozeanen bis hin zu den winzigen Fischen zwischen den herrlichen Korallenriffen der tropischen Meere. An einem Teich, See, Fluß oder Strand kannst du viele Tiere beobachten. Jedes hat seine eigene kleine Welt.

Leben in Teichen, Seen und Flüssen

Wenn du genau hinsiehst, entdeckst du am Teich oder am Fluß ganz verschiedene Lebewesen. Im Schilf oder auf dem Wasser sieht man Enten, Schwäne und andere Wasservögel. Im Sommer schießen Libellen über das Wasser und jagen Insekten. Im Wasser leben Käfer, Frösche und verschiedene Fischarten. Vielleicht findest du auch Kaulquappen, die im Wasser zur Welt kommen und sich zu Fröschen entwickeln. Wenn du ganz still bist, siehst du vielleicht eine Wasserratte oder eine Spitzmaus – keine Angst, sie tun dir nichts! In einsamen Gegenden Amerikas kann man gelegentlich Biber beobachten, die an den Flußufern zu Hause sind. Biber sind Meister im Bäumefällen und können mitten im Fluß einen Damm aus Ästen und Zweigen bauen.
In den Tropen leben am Wasser auch größere Tiere, z. B. Krokodile und Nilpferde.

Die Bäume und Pflanzen an Teichen und Flüssen sind wichtig für die Tiere. Einige bieten Nistplätze und spenden Schatten; Wasserpflanzen produzieren Sauerstoff für die Tiere, die im Wasser leben.

Libellen jagen geschickt nach Insekten. Man findet sie in der Nähe von Binnengewässern.

Teiche beherbergen eine Vielfalt von Pflanzen und Tieren.

Leben an der Küste

Viele verschiedene Pflanzen und Tiere leben an der Meeresküste. Manche Strände sind flach und sandig, an anderen Küsten ragen die Felsen schroff aus dem Meer. Jede Küstenart hat ihre eigene, besondere Pflanzen- und Tierwelt.
Im Watt kannst du bei Ebbe viele Meerestiere finden. Die Steine sind oft mit Seetang bewachsen und sehr glitschig. Auf ihrer Unterseite kleben manchmal Schalentiere oder gar Meeresschwämme. An einigen Stellen gibt es Seeanemonen (das sind übrigens Tiere!). Sie bewegen ihre Fangarme, um im Wasser nach Nahrung zu angeln.
Hin und wieder entdeckt man im Watt kleine Fische oder Krustentiere wie Garnelen und Krabben. Unter den Steinen oder im Seetang verstecken sich Krebse und warten auf die Flut.
An der Küste kannst du auch viele Vögel beobachten: Möwen ziehen ihre Kreise am Himmel und tauchen plötzlich ins Wasser, um einen Fisch zu fangen. Stelzvögel waten im seichten Wasser.
In bestimmten Gebieten kann man Robben oder sogar die allseits beliebten Delphine beobachten. Sie sind gesellige und gelehrige Wasserakrobaten.

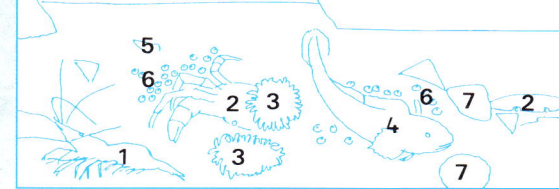

An ruhigen Stränden gibt es viele Lebewesen. Über den Strand fliegen zwei Silbermöwen. Austernfischer sitzen auf den Felsen. Im Watt sieht man eine Garnele (1), Strandkrebse (2), Seeanemonen (3), einen Schleimfisch (4), eine Wellhornschnecke (5), Seepocken (6) und Napfschnecken (7).

Achtung!

Die Küste ist sehr interessant, aber auch gefährlich.

- Erkundige dich, wann Ebbe und Flut ist, damit du nicht vom Wasser überrascht wirst.

- Berühre die Wassertiere möglichst nicht und setze robustere Lebewesen sobald wie möglich ins Wasser zurück.

- Gehe nur in stilles, seichtes Wasser, und paß auf, wo du hintrittst!

- Bade nur dort, wo es erlaubt ist. Oft gibt es im Meer gefährliche Strömungen!

Kleinste Lebewesen

Hast du dich schon einmal gefragt, warum die Milch manchmal sauer wird, warum manche Krankheiten ansteckend sind oder was passiert, wenn Pflanzen- und Tierabfälle verfaulen? Jahrhundertelang wußten die Menschen keine Antwort auf diese Fragen, weil sie die winzigen Mikroorganismen, die für diese Vorgänge verantwortlich sind – die Mikroben –, nicht sehen konnten.

Im 17. Jahrhundert erfand der niederländische Wissenschaftler Anton van Leeuwenhoek ein einfaches Mikroskop, mit dem man die kleinen Lebewesen sehen konnte. Heute gibt es Spezialmikroskope, die bis zu 500 000fach vergrößern! Nun wissen wir, daß wir von Millionen Mikroben umgeben sind: Sie sind in der Erde, im Wasser, in der Luft, ja selbst in unserem Körper.

Wenn wir über unsere Welt nachdenken, staunen wir meist zuerst über große und auffallende Dinge: hohe Berge, rauschende Wasserfälle, exotische Pflanzen oder merkwürdige Tiere. Doch je genauer wir hinsehen, desto deutlicher wird: Die ganze Natur ist genau durchdacht – bis ins kleinste Detail. Die winzigen Wesen der Mikrowelt sind genauso interessant wie größere Tiere. Sie sind für den Menschen teilweise nützlich und teilweise schädlich, aber alles paßt genau in einen Plan. Auch viele Wissenschaftler sagen deshalb: Das kann unmöglich durch Zufall entstanden sein. Es muß einen Schöpfer geben, einen Gott, der das alles gemacht hat.

Zwerge, die krank machen

Mikroben, die Krankheiten verursachen, werden auch „Keime" genannt. Die häufigsten sind Bakterien und Viren.
Bakterien sind winzige Lebewesen. Manche sind rund (wie die Staphylokokken, die Blutvergiftung auslösen), andere sind stabförmig und haben winzige Köpfe (wie die Typhusbazillen). Wieder andere hängen in langen Ketten zusammen (wie die Streptokokken, die Halsentzündung und Scharlach verursachen).
Bakterien vermehren sich durch Zellteilung – bei günstigen Bedingungen alle zwanzig Minuten. Kannst du ausrechnen, wie viele Bakterien in zehn Stunden aus einer einzigen entstehen? – Kein Wunder, daß wir manchmal krank werden, wenn Bakterien in unseren Körper eindringen! Viren sind noch kleiner, aber auch sie verursachen viele Krankheiten wie Windpocken, Masern, Grippe oder Aids.
Seit bekannt ist, daß es Bakterien und Viren gibt, sucht die Wissenschaft nach Möglichkeiten, sie unschädlich zu machen.

Stark vergrößerte Salmonellen-Bakterien.

Parasiten

Tiere oder Pflanzen, die am Körper anderer Lebewesen wohnen und sich von diesen ernähren, nennt man Parasiten. Ein Lebewesen, das Parasiten beherbergt, nennt man „Wirt".

Manche Parasiten kann man mit bloßem Auge erkennen: Kopfläuse im Haar, Flöhe auf der Haut von Menschen und Tieren. Beide beißen ihren „Wirt" und trinken sein Blut. Sie sind lästig, aber meist harmlos und können leicht vernichtet werden.
Manche Parasiten sind viel gefährlicher. Das winzige Plasmodium lebt im Blut und in der Leber eines Menschen und verursacht Malaria. Alljährlich erkranken Millionen Menschen daran, weil Stechfliegen, Moskitos, den Krankheitserreger von infizierten Menschen auf andere übertragen. Malaria ist heute aber heilbar.

Nützliche Mikroben

Helfer bei der Abfallbeseitigung

Jeden Tag entstehen Abfälle aus abgestorbenen Blättern und Blumen, Tiermist, Kadavern und vielem mehr. Von diesen Abfällen ernähren sich Pilze und Mikroben, vor allem Bakterien. Dabei entstehen Gase und Mineralien, die in Luft oder Boden gelangen und von lebenden Pflanzen und Tieren wieder aufgenommen werden. Man nennt diesen Kreislauf „Kompostierung". Unsere Erde wäre ein riesiger Müllhaufen, wenn das nicht geschähe.

Wie Mikroben für uns arbeiten

Manche Mikroben sind zur Herstellung von Nahrungsmitteln oder Arznei unentbehrlich. Darum werden sie extra gezüchtet. Das berühmte Antibiotikum Penicillin stammt von einem blaugrünen Schimmelpilz. Es kann Krankheitsbakterien töten.

Zur Käse- oder Joghurtherstellung wird Milch mit speziellen Bakterien vermischt.

Hefe ist ein winziger Pilz aus runden Zellen. Der Pilz ernährt sich von Zucker, den er in Kohlendioxid und Alkohol umwandelt. Hefe ist deshalb z. B. bei der Herstellung von Bier und Wein nötig. Zum Brotbacken wird Hefe verwendet, weil das Kohlendioxid im Teig kleine Blasen wirft. Der Teig „geht auf" und wird schön locker.

Manche Käsesorten sind erst nach monatelanger Lagerung reif.

Wir backen Brot

Ein einfaches Rezept:
5 Gramm Trockenhefe,
1 Teelöffel Zucker, 150 Milliliter warmes Wasser, 200 Gramm Mehl, eine Prise Salz.

1. Hefe, Zucker und Wasser verrühren. Ca. 15 Minuten beiseite stellen, bis die Hefe aufgeht.

2. Mehl und Salz in einer Schüssel mischen und alles warmstellen.

3. Hefemischung langsam in das Mehl geben und zu einem geschmeidigen Teig verrühren. Notfalls etwas Wasser zugeben.

4. Mit den Händen ca. 10 Minuten lang kneten.

5. Den Teig in eine gefettete Backform geben und warten, bis er zu doppelter Größe aufgeht.

6. Im Backofen bei 200 °C 20 bis 30 Minuten lang backen. Wenn du dasselbe Rezept auch ohne Hefe ausprobierst, kannst du sehen, welchen Unterschied die Hefe macht.

Veränderungen

Überall hat sich die Pflanzen- und Tierwelt an die jeweiligen Lebensbedingungen angepaßt, wobei alle Arten in gewisser Weise voneinander abhängig sind. Doch dieses empfindliche Gleichgewicht kann leicht gestört werden.

Stürme entwurzeln Bäume und zerstören dadurch den Lebensraum bestimmter Vögel und Insekten. Ein langer, kalter Winter kann bewirken, daß es im folgenden Jahr nur wenige Tiere gibt. In einem zu warmen Winter hingegen bleiben viele Insekten und Schädlinge am Leben. Ein Vulkan kann ausbrechen und ein fruchtbares Land mit Lava, Asche und Schlamm bedecken. Menschen roden Wälder, um mehr Acker- und Bauland zu bekommen. Können sich Pflanzen und Tiere solchen Veränderungen anpassen? Manchen gelingt das recht gut, anderen weniger. Sie sind gefährdet; viele sterben aus.

Wie anpassungsfähig bist du?

Denke über dein Zuhause und über die Kleidung nach, die du in den unterschiedlichen Jahreszeiten trägst. Weil du denken und planen kannst, kannst du dich auf Veränderungen einstellen.
Was würdest du tun, wenn die Winter viel kälter und die Sommer viel wärmer würden? Schreibe auf, welche Vorkehrungen du treffen würdest. Wie sähe deine Kleidung aus, und in was für einem Haus würdest du wohnen?

Erdgeschichte im Gestein

An kahlen Felsstellen kann man oft einzelne Gesteinsschichten sehen. Sie entstanden vor langer Zeit aus Schlamm und Meersand. Die älteren Schichten liegen in der Regel tiefer als die jüngeren. Einige enthalten Fossilien – versteinerte Fische, Pflanzen und Tiere –, die im Schlamm begraben wurden.

Untersuchungen von Fossilien in Gestein unterschiedlichen Alters haben gezeigt, daß manche Tier- und Pflanzenarten bis heute erhalten sind. Oft haben sie verschiedene Veränderungen durchgemacht, um sich wechselnden Gegebenheiten anzupassen. Andere Arten sind ausgestorben. Dinosaurier waren einst sehr verbreitet. Eine starke Veränderung der Umwelt muß ein Weiterleben für sie unmöglich gemacht haben.

Wer überlebt?

Pflanzen und Tiere können nicht – wie wir – denken und planen. Sie besitzen aber die Fähigkeit, sich Veränderungen anzupassen. Eine Art „natürliche Auslese" sorgt dafür, daß nur die Tierarten erhalten bleiben, die am besten mit den Lebensbedingungen fertigwerden.

Nehmen wir eine Insektenart, die sich vom Nektar der Pflanzen ernährt. In einem Jahr wachsen wetterbedingt nur Pflanzen mit langen Blüten. Insekten mit langer Zunge können diese Blüten leichter austrinken als die mit kürzerer Zunge. Sie überleben, während ihre Artgenossen sterben. Nur die langzüngigen Arten leben lange genug, um Eier zu legen. Die meisten ihrer Nachkommen haben die lange Zunge geerbt, so daß bald alle überlebenden Exemplare dieser Art lange Zungen haben werden. Daß diese Veränderung allerdings so weitreichend ist, wie die Evolutionstheorie behauptet, läßt sich nicht nachweisen.

Für seltene Arten wie den Riesenpanda, von dem es weltweit nur noch weniger als tausend gibt, sieht es schlechter aus. Er frißt fast ausschließlich Bambus, aber die Bambuswälder schwinden.

Bambus bildet die Hauptnahrung des vom Aussterben bedrohten Pandabären.

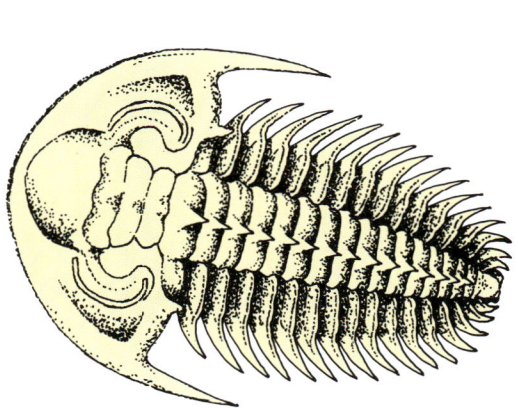

Diese fossilen Überreste stammen von einem Trilobiten. Wissenschaftler schätzen sein Alter auf über 500 Millionen Jahre!

Ein Großteil des brasilianischen Regenwaldes (links) wird von Menschen zerstört. Die Flächen werden als Weideland genutzt, das Holz verkauft. Der Regenwald muß aber erhalten bleiben. Er beherbergt nicht nur eine Fülle von Tieren und Pflanzen, sondern spielt auch eine wesentliche Rolle bei der Regulierung des Erdklimas.

Wie paßt sich der Mensch an?

Menschen sind wie andere Lebewesen von der Natur abhängig. Um zu überleben, brauchen sie Nahrung, Wasser und Unterkunft; sie müssen sich fortpflanzen und gegen Feinde schützen. Sie müssen sich den verschiedenen Ökosystemen anpassen.

Und doch sind Menschen anders. Sie können denken und fühlen. Sie tragen Verantwortung. Sie haben Fähigkeiten, die Tiere selten oder überhaupt nicht besitzen: sprechen, miteinander arbeiten, Schönheit und Musik genießen. Warum sind Menschen etwas Besonderes? Darauf gibt es unterschiedliche Antworten. Eine steht im ersten Buch der Bibel – der Grundlage des jüdischen und christlichen Glaubens. Die Welt wurde von Gott erschaffen, heißt es dort. Er hat alles Leben gemacht. *Und Gott sprach: Lasset uns Menschen machen, ein Bild, das uns gleich sei, die da herrschen über die Fische im Meer und über die Vögel unter dem Himmel und über das Vieh und über alle Tiere des Feldes und über alles Gewürm, das auf Erden kriecht. Und Gott schuf den Menschen zu seinem Bilde, zum Bilde Gottes schuf er ihn; und schuf sie als Mann und Frau. Und Gott segnete sie und sprach zu ihnen: Seid fruchtbar und mehret euch und füllet die Erde und machet sie euch untertan und herrschet über die Fische im Meer und über die Vögel unter dem Himmel und über das Vieh und über alles Getier, das auf Erden kriecht.* (1. Mose 1,26-28)

Diese Worte wurden vor vielen Jahrhunderten geschrieben. Sie sagen uns, daß wir einen Auftrag haben: Wir sollen für alles sorgen, was Gott gemacht hat. Wir lernen auch, daß der Mensch Gott ähnlich ist. Wir allein können beten, also mit Gott reden.

Im Überlebenskampf hilft den Menschen ihre Intelligenz. Sie kennen raffinierte Methoden der Nahrungs- und Wassergewinnung; ihre Häuser bieten Schutz bei jedem Wetter und gegen Feinde. In verschiedenen Teilen der Welt haben Menschen besondere Methoden entwickelt, um auch unter extremen Bedingungen zu überleben. Hier sind einige von ihnen:

Leben in der Arktis

Noch heute werden in einigen Teilen Skandinaviens auf traditionelle Weise Rentiere gehalten.

Bei der Jagd benutzt der Eskimo heute moderne Transportmittel. Der beste Kälteschutz ist jedoch nach wie vor ein Pelz.

In der Arktis leben verschiedene Völker. Ihre herkömmliche Lebensart zeigt, wie gut sie sich an ihre Umwelt angepaßt haben.

Das Leben der Lappen in Nordeuropa ist eng mit der Rentierzucht verbunden. Das Fleisch und die Milch der Tiere bilden Grundlage ihrer Ernährung, aus Knochen und Horn entstehen Werkzeuge. Außerdem spannen sie die Rentiere vor ihre Schlitten.

Die Eskimovölker im nördlichsten Teil Nordamerikas haben andere Möglichkeiten gefunden, in diesem Land aus Eis und Schnee zu leben. Sie wohnen in Iglus, in „Häusern" aus Eisblöcken.

Sowohl Lappen als auch Eskimos entwickelten einen Lebensstil, der im Einklang mit der Natur stand. Die Eskimos bauten leichte, tragbare Boote, Kajaks, mit denen sie durch die Eismeere paddelten. Sie jagten Robben, Bären und andere Tiere und ernährten sich von deren Fleisch. Aus den Häuten machten sie Kleider und aus den Knochen Werkzeuge. In ihren Kunstwerken sieht man deutlich, welch große Rolle diese Tiere in ihrem Denken spielen.

Aber seitdem moderne Geräte eingesetzt werden, ist das Gleichgewicht der Natur gefährdet. Mit Motorschlitten können mehr Tiere gejagt werden als früher. Wenn jedoch zu viele getötet werden, sind die Tiere von der Ausrottung bedroht. Das Leben der Menschen ist zwar bequemer geworden, weil sie nicht mehr so hart arbeiten müssen. Der Preis dafür könnte sein, daß sie ihren Lebensraum zerstören.

Der Lebensraum in der Arktis wird außerdem von den Menschen bedroht, die im Polarmeer nach Öl bohren wollen und dadurch die Umwelt zerstören.

Leben im Regenwald

In den tropischen Regenwäldern leben verschiedene Volksstämme. Bei dem warmen Klima genügen ihnen Hütten aus Astwerk, Blättern und Lehm. Als Kleidung dienen große Blätter und Tierhäute. Sie ernähren sich von Waldpflanzen, Honig und erjagten Tieren. Diese traditionelle Lebensweise entspricht den Anforderungen ihres Lebensraumes.
Viele Regenwälder sind jedoch in Gefahr. Sie werden gerodet, um Acker- und Weideland zu schaffen. Weil die Wälder immer kleiner werden, sind auch die dort lebenden Menschen und Tiere bedroht.

Überlebenstraining

Stell dir vor, du müßtest den Sommer alleine im Freien verbringen. Du dürftest nur Dinge benutzen, die du in der Natur finden kannst. Überlege, welche Unterkunft du dir schaffen, womit du dich kleiden und wovon du dich ernähren würdest.

Wüstenbewohner

Einige Völker haben sich dem Leben in der Wüste angepaßt. Da Tiere und Pflanzen nur gedeihen können, wo es Wasser gibt, ziehen die meisten Wüstenbewohner als Nomaden umher – ständig auf der Suche nach neuem Futter für ihre Ziegen- und Schafherden. Sie leben in tragbaren Zelten; als Transportmittel dienen ihnen Kamele, die sich besonders gut auf das Leben in der Wüste eingestellt haben (vgl. Kapitel 4).
Andere Wüstenbewohner haben sich in der Nähe von Oasen niedergelassen, wo es Bäume und Wasser gibt. An einigen Stellen ist es möglich, das Wasser so umzuleiten, daß sogar Feldfrüchte angebaut werden können.

Diese orientalischen Beduinenfamilien leben in Ziegenhaarzelten. Sie ziehen umher, um Futter und Wasser für die Tiere zu finden.

Präriebewohner

Die Ureinwohner der großen Ebenen Nordamerikas, die Indianer, lebten von der Büffeljagd. Sie aßen das Fleisch. Aus den Häuten bauten sie hohe Zelte (Tipis), in denen sie wohnten. Aus weicheren Häuten machten sie Kleidung.
Obwohl die Indianer Büffel jagten, hatten sie große Achtung vor diesen Tieren. Vor der Jagd sprachen sie ein Gebet: Es sollte sie daran erinnern, nicht habgierig zu sein. Ihre Religion ermahnte sie, Rücksicht auf die Natur zu nehmen und diese zu schonen.
Heute wird das Land hauptsächlich landwirtschaftlich genutzt; die Indianervölker mußten ihre Lebensweise ändern. Einige alte Sitten haben sie jedoch bewahrt.

Fehler

Man sollte meinen, daß Menschen, die ein einfaches Leben führen, der Umwelt nicht schaden. Aber auch sie machen Fehler.
Als europäische Forscher Australien entdeckten, fanden sie Ureinwohner, die überwiegend von der Jagd und von Pflanzen lebten – in Gegenden, die fast schon zur Wüste geworden waren. Wissenschaftler vermuten, daß dieses Land einst sehr fruchtbar war, daß aber die Bewohner vor vielen hundert Jahren die Bäume und Pflanzen abgebrannt haben.

Fortschritt – zu welchem Preis?

Manche Völker haben ihren Lebensraum stark verändert. Sie haben es geschafft, daß sie Nahrung, Wasser, Unterkunft und Kleidung besitzen, aber sie waren damit noch nicht zufrieden.

Heute führen viele Menschen ein bequemes Leben – doch um welchen Preis? Je stärker der Mensch in die Natur eingreift, desto mehr stört er ihr Gleichgewicht.

Langsame Veränderungen gab es schon immer. Aber seitdem die Menschen anspruchsvoller wurden, griffen sie immer stärker in die Natur ein – oft gedankenlos. Wir sind Teil der Natur und müssen dafür sorgen, daß wir sie nicht zerstören. Wenn wir sie zu sehr aus dem Gleichgewicht bringen, schaden wir letztlich nur uns selbst. Wir müssen das Gleichgewicht, das Gott wollte, finden und halten.

Landwirtschaft

Es ist riskant, von der Nahrung abhängig zu sein, die man in der Natur findet: Nicht jede Jagd ist erfolgreich, und in manchen Jahren wachsen wenig Beeren.

Statt dessen werden Tiere gezüchtet und auf der Weide gehalten, damit sie nicht ausreißen. So ist für genügend Fleisch gesorgt!

Eine andere Lösung ist der Anbau von Getreide und Früchten. Auf Feldern und in Gärten wachsen die sorgfältig ausgewählten Samen und Pflänzchen und werden bis zur Ernte geschützt. Durch die Landwirtschaft wird die Lebensmittelversorgung gesichert. Damit begannen die Menschen schon vor Jahrtausenden.

Solange sie nur kleine Stücke Land bestellten, wurde die Natur kaum gestört. Aber bereits damals wurden einige Pflanzen und Tiere ausgerottet. Schon in der Zeit, als die ersten Bücher der Bibel entstanden, veränderten Bauern das Gleichgewicht der Natur. Die Menschen züchteten entsprechend ihren Bedürfnissen neue Pflanzensorten und Haustierarten: z. B. Kühe, die viel Milch geben, und Getreide mit besonders großen Körnern. Das Leben wurde dadurch leichter, und den Menschen blieb mehr Freizeit, weil die Arbeit schneller getan war. Mit der Zeit spezialisierten sich Handwerker auf die Herstellung von Kleidung, Schuhen, Wagen, Möbeln, Büchern usw. Sie veränderten die Natur bereits mehr als ihre Vorfahren.

In manchen Gegenden haben sich die Methoden in der Landwirtschaft kaum verändert. Diese türkische Bäuerin bearbeitet den Boden noch wie vor Jahrhunderten: mit einem Brett, das von Ochsen gezogen wird.

Die industrielle Revolution

Vor etwa 200 Jahren führten große wissenschaftliche Fortschritte in der westlichen Welt zu neuen Entdeckungen. Wir nennen diese Zeit die „industrielle Revolution". Maschinen wurden erfunden, die viele Arbeiten schneller erledigten: Wolle und Baumwolle beispielsweise zu Stoffen verarbeiten. Bis dahin konnte auf dem Spinnrad jeweils ein einziger Faden gesponnen werden. Die neuen Maschinen stellten gleichzeitig viele Fäden her.

Statt zu Hause an ihren Spinnrädern zu sitzen, gingen die Menschen nun in die Fabriken, in denen es Maschinen gab. Für alle erdenklichen Arbeiten wurden Maschinen entwickelt. Dampfeisenbahnen brachten die Waren in kurzer Zeit zu den Menschen, die sie kaufen wollten.

Zum Betreiben der Maschinen war Energie nötig. In Bergwerken wurde Kohle abgebaut, die man brauchte, um in Dampfmaschinen Druck und Elektrizität zu erzeugen. Später fand man heraus, daß sich Maschinen auch mit Erdöl antreiben lassen, und fördert es seitdem.

Vieles änderte sich. Die Maschinen machten das Leben leichter und halfen, den steigenden Bedarf von immer mehr Menschen zu decken. Alle brauchten Nahrung, Kleidung und vieles mehr, was in den Fabriken hergestellt wurde. Man nahm sich immer mehr: mehr Land, um Nahrung anzupflanzen; mehr Kohle, die aus vorgeschichtlichen Wäldern entstanden war; mehr Erdöl. So geriet die Natur immer mehr aus dem Gleichgewicht.

Zu jener Zeit entdeckten die Forscher aus industrialisierten Ländern wie England, Frankreich und Holland immer noch neue Länder. Sie dachten, die Welt sei so etwas wie ein riesiger Supermarkt, in dem man sich nur zu bedienen braucht. Erst viel später erkannten sie, daß die Vorräte der Welt nicht unbegrenzt vorhanden sind. Irgendwann werden sie aufgebraucht sein.

In Industrieländern kann man in großen Kaufhäusern aus einer verwirrenden Vielfalt von Angeboten wählen.

Eine der bekanntesten Dampflokomotiven ist Stephensons „Rocket" aus dem Jahr 1829.

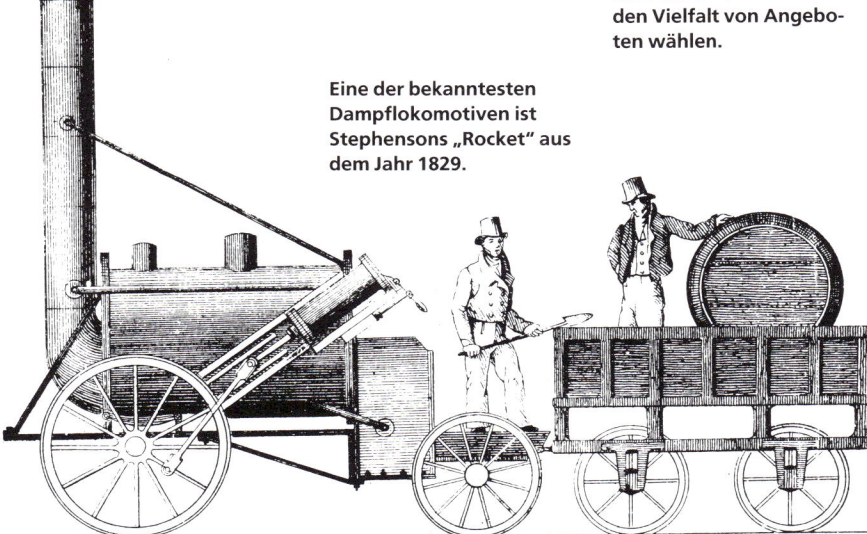

Wir spinnen einen Faden

Bevor es Spinnräder gab, konnten die Menschen mit ganz einfachen Mitteln aus Wolle Fäden spinnen. Willst du es ausprobieren? Besorge dir ein Büschel Schafwolle (manchmal findest du sie an Zäunen oder Dornenhecken) und ziehe ein bißchen davon heraus. Drehe dieses Stück zu einem Faden. Binde den Faden an einen Gegenstand, der schwer genug ist, um nach und nach etwas mehr Wolle herauszuziehen. Dann versetze das Gewicht in Drehung: Wie lang wird dein Faden, bevor er abreißt?

Wie lange würde es dauern, bis du genug Wolle hättest, um dir einen Pullover zu stricken? Wie lange brauchst du andererseits, um dir einen fertigen Pullover zu kaufen?

Tierwelt in Gefahr

Unsere Welt beherbergt eine ungeheure Vielfalt von Tieren. Sie alle spielen eine wichtige Rolle in der Natur – ob sie an Land wohnen wie die meisten Vögel und Insekten oder im Wasser wie Fische und Meerestiere. Leider sind viele Arten vom Aussterben bedroht, weil der Mensch mit immer moderneren Methoden die Natur ausbeutet.

Jagd und Fischerei gab es schon immer. Höhlenzeichnungen aus der Steinzeit beweisen, daß schon damals die Menschen mit Speeren und Fallen Beute fingen.

Völker, die von der Jagd leben, und Menschen, die Jagdsport betreiben, besitzen heute Gewehre und können mehr Tiere töten, als nachwachsen. So besteht die Gefahr, daß weitere Arten aussterben. Auch beim Fischfang kann Schaden entstehen. Die Zahl der Fische in den Gewässern mag unbegrenzt erscheinen, aber wie alle Lebewesen brauchen auch sie Zeit, um heranzuwachsen und sich zu vermehren. Wenn zu viele Fische getötet werden, ist die Art bedroht.

Es wäre nicht so schlimm, wenn nur die Menschen, die wirklich darauf angewiesen sind, auf Jagd gingen. Aber Tiere werden auch deshalb getötet, um Luxusartikel herzustellen: Aus Leoparden-, Ozelots- und Fuchsfell werden modische Pelzmäntel gemacht. Schlangen und Krokodile müssen sterben, weil ihre Häute zu eleganten Schuhen und Taschen verarbeitet werden. Lange Zeit wurden Elefanten getötet, um aus dem Elfenbein der Stoßzähne Schmuck und Verzierungen zu fertigen. Nun, da sie fast ausgerottet sind, stehen sie unter Naturschutz. Ein weiteres Problem entsteht dadurch, daß die Menschen Land beanspruchen, um immer mehr Fabriken und Häuser zu bauen. Wenn aber Tiere und Pflanzen nicht mehr genügend Nahrung und Lebensräume finden, sterben sie aus. Auch durch Müllhalden ist die Natur gefährdet. Als Gott uns Menschen die Welt anvertraute, gab er uns den Auftrag, gut für sie zu sorgen. Allzuleicht vergessen wir das.

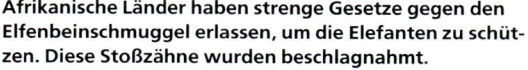

Afrikanische Länder haben strenge Gesetze gegen den Elfenbeinschmuggel erlassen, um die Elefanten zu schützen. Diese Stoßzähne wurden beschlagnahmt.

Der Pelzhandel

Als europäische Siedler nach Nordamerika kamen, stellten sie fest, daß manche Indianer mit Biberpelzen bekleidet waren. Bald merkten sie, daß sich viel Geld verdienen ließe, wenn sie diese Pelze nach Europa verkauften, wo sie zu Hüten verarbeitet wurden. Die Nachfrage war so groß, daß der Biber fast ausgerottet wurde. Hätte sich die Mode nicht geändert, vielleicht gäbe es heute keine Biber mehr.

Das schöne Fell des Leoparden sieht am lebenden Tier hübscher aus als am Wintermantel eines Menschen.

Ausbeutung der Meere

Immer modernere Fischkutter werden gebaut. Sie sind teuer und rentieren sich nur, wenn sehr große Fischmengen gefangen werden.
Auf modernen Industrieschiffen werden täglich viele Tonnen Fisch gesäubert und verarbeitet. Es gibt Räume zum Eindosen und Einfrieren, so daß die Schiffe lange auf See bleiben können. Leider werden dadurch so viele Fische gefangen, daß einige Arten vom Aussterben bedroht sind.

Schon gewußt?

Früher gab es auch in unseren Wäldern Bären und Wölfe; in Südamerika lebten viele Beuteltiere. Spätere Generationen werden sich vielleicht ebenso wundern, daß es in Deutschland einmal Dachse und in Australien Kängurus gab. Wir müssen die gefährdeten Tiere besser schützen. Sonst werden die seltenen Arten, die jetzt nur noch in Zoos leben, eines Tages völlig ausgestorben sein. An vielen Orten gibt es Tierschutzvereine. Dort kannst du erfahren, wie du mithelfen kannst. Erkundige dich doch einmal!

Seltene Arten

Wenn von gefährdeten Arten die Rede ist, denken wir meist an freilebende Tiere. Dabei sind auch einige Haustiere vom Aussterben bedroht. Anfang des Jahrhunderts gab es auf Bauernhöfen noch wesentlich mehr Tierarten als heute. Wie kommt das? Landwirte halten natürlich am liebsten jene Tiere, mit denen sich am besten Geld verdienen läßt: Kühe, die viel Milch geben; Schweine, die in kurzer Zeit schlachtreif werden; Schafe, die viel Wolle liefern, usw. Wenn sich der Züchter aber darauf konzentriert, daß eine bestimmte Tierrasse in einer Hinsicht immer bessere Leistungen erbringt, dann werden diese Tiere auf anderen Gebieten schwächer – z. B. anfälliger gegen Krankheiten. Es ist wichtig, möglichst viele Rassen zu erhalten und sie gelegentlich miteinander zu kreuzen, damit alle stark bleiben.

Zuchtspezialisten haben den Fortbestand dieser einst gefährdeten Nutztiere gesichert.

Langhornrind

Geflecktes Gloucesterschwein

North-Ronaldsay-Schaf

„Tierfreunde"

Die rotbeinige Tarantel ist eine mexikanische Riesenspinne. Sie ist vom Aussterben bedroht, weil sie gefangen und an Zoohandlungen in Nordamerika und Europa verkauft wird.
Der Orang-Utan lebt in den Regenwäldern von Borneo. In der Vergangenheit wurden viele Muttertiere getötet, um die Jungen als Haustiere zu verkaufen. Inzwischen gibt es zwar Jagdbeschränkungen, aber die Tiere sind immer noch in Gefahr, weil ihre Wälder zerstört werden.

Pflanzen sind lebensnotwendig

Pflanzen sind nicht nur hübsch anzusehen, sie erfüllen auch eine wichtige Aufgabe zur Erhaltung des Lebens auf der Erde. Grünpflanzen sind die einzigen Lebewesen, die mit Hilfe von Sonnenenergie einfache Stoffe in Nahrung umwandeln können. Deshalb bilden sie die Grundlage aller Lebensmittel.

Tierprodukte wie Fleisch, Eier und Milch können wir nur haben, wenn es Pflanzen zum Füttern der Tiere gibt. Außerdem geben Pflanzen bei ihrer Nahrungsherstellung Sauerstoff ab (Photosynthese). Wenn es auf der Welt nicht genügend Pflanzen gäbe, hätten Menschen und Tiere tatsächlich zu wenig Sauerstoff zum Atmen.

Um gut zu gedeihen, brauchen Pflanzen den richtigen Boden. Auch wenn reichlich Regen fällt, binden die Wurzeln den Boden, so daß er nicht vom Regen ausgewaschen und vom Wind weggeblasen wird. Freie Stellen werden schnell von neuen Pflanzen besiedelt. Wo das Land von Menschen bearbeitet wird, fällt dieser Schutz häufig für längere Zeit weg.

Der Boden enthält Nährstoffe, die von Pflanzen aufgenommen werden. Wenn Pflanzen- und Tierkörper verwesen, gelangen die Nährstoffe in den Boden zurück. Wo jedoch die Pflanzen geerntet werden und der Boden nichts zurückerhält, wird die Erde nach kurzer Zeit ausgelaugt sein.

In der nordamerikanischen Prärie wächst saftiges, gesundes Gras.

Wird es morgen noch Wälder geben?

Vor Jahrtausenden waren die Kontinente der Erde von riesigen Wäldern bedeckt. Verrottetes Holz und Blätter machten den Boden fruchtbar. Als die Menschen die Wälder rodeten, starben viele Pflanzen- und Tierarten aus, weil sie keinen Lebensraum mehr hatten.

Viele Laubwälder wurden schon vor Jahrhunderten abgeholzt. Heute sind Eichen, Buchen und Eschen selten und teuer. Da diese Bäume langsam wachsen, pflanzen viele Förster lieber Nadelhölzer. Reine Monokulturen (nur Nadel- oder Laubwälder) sind aber besonders anfällig gegen Schädlinge und bieten nur wenigen Tieren Lebensraum.

Auch die großen tropischen Regenwälder, in denen so viele Tiere und Pflanzen zu Hause sind, werden immer weiter abgeholzt. Zum einen werden die Bäume gefällt, um Ackerland zu gewinnen. Außerdem lassen sich wertvolle Harthölzer wie Mahagoni sehr gut verkaufen.

Die Zerstörung der tropischen Wälder hat jedoch verhängnisvolle Auswirkungen: Wenn erst einmal die Wurzeln aus dem Boden entfernt sind, wird er von Wind und Wasser leicht ausgewaschen. Dann wächst hier nichts mehr. Und nicht nur das: Klimaexperten stehen vor der Frage, ob diese Wälder nicht unentbehrlich sind, um die Erde mit Sauerstoff zu versorgen und das Klima zu regulieren.

Ausbeutung des Bodens

Manche Pflanzen verbrauchen viele Nährstoffe im Boden. Darum ist es wichtig, daß nicht jedes Jahr am selben Ort die gleichen Pflanzen angebaut werden. Dieser Fehler wurde in den USA im Staat Georgia gemacht. Das Ergebnis: Wo einst blühende Baumwollfelder waren, findet man heute sumpfiges Ödland.

Auf dem fruchtbaren Prärieboden im Mittelwesten der USA bauten europäische Siedler Jahr für Jahr Getreide an. Nach einigen Dürrejahren trocknete der Boden aus und wurde weggeblasen, so daß nur noch Staub übrigblieb (Erosion).

Eine Staubwolke wirbelt über die Prärie. Verantwortungslose Nutzung der Felder kann fruchtbares Land in Staubwüsten verwandeln.

Tierhaltung

Im Vorderen Orient wurden Tiere erstmals in Herden gehalten. Wir lesen schon in der Bibel, daß bereits damals Schwierigkeiten auftraten: Es wuchs nicht genügend Gras für die Herden von Abraham und Lot, so daß sich die beiden Männer trennen mußten (1. Mose 13).
In Teilen Afrikas halten die Menschen heute Kühe, Schafe und Ziegen. Kühe weiden das Gras bis zum Boden ab, der dadurch austrocknet. Schafe können sehr kurzes, grobes Gras abknabbern. Ziegen wiederum sind wählerisch. Sie fressen junge Sprossen und ziehen Gras heraus, um an die zarten Wurzeln zu gelangen.
Wenn zu viele Tiere auf magerem Boden gehalten werden, wird das Gras so weit abgefressen, daß es nicht wieder wächst. Heiße Winde tragen dann die Ackerkrume weg, und das Gebiet wird zur Wüste – Menschen und Tiere müssen hungern. Jedes Jahr geht auf diese Weise viel fruchtbares Land verloren.

Wir pflanzen einen Baum

Vielleicht hast du Lust, einen Baum zu pflanzen? Es ist nicht schwer, einen Baum aus Samen zu ziehen. Du kannst verschiedene Samen ausprobieren: Eicheln, Kastanien, Bucheckern, Ahornsamen – aber auch „Exoten" wie Zitronen- und Avokadokerne. Große, harte Samen sollten frisch gesät werden, aber manche keimen besser, wenn sie einige Tage gelagert wurden (etwa im Kühlschrank). Lege die Samen in einen Topf mit Erde, den du an einen kühlen Ort stellst. Kleine Samen sollten nahe an der Oberfläche liegen, große kommen tiefer in den Topf. Halte die Erde feucht.
Nun brauchst du Geduld, denn es kann mehrere Wochen dauern, bis die Sämlinge herauskommen. Wenn sie groß genug sind, um ins Freie gepflanzt zu werden, müssen sie immer noch vor Tieren geschützt und bei Trockenheit gegossen werden. Informiere dich vorher, wie groß deine Bäume werden können. Pflanze sie nur dort, wo sie genügend Platz haben und stehenbleiben dürfen.

Schätze der Welt

Das Gestein, aus dem unsere Erde besteht, enthält wertvolle Rohstoffe. Ihr Abbau kostet viel Geld und ist nicht ungefährlich, aber sie sind so nützlich, daß sich der Aufwand lohnt. Oft vergißt man jedoch, daß die Rohstoffe nicht für alle Zeit reichen. Sie wachsen nicht nach. Bei den heutigen Abbaumethoden besteht die Gefahr, daß manche Bodenschätze vollständig aufgebraucht werden.

Versteinerte Wälder

Vor vielen tausend Jahren war die Erde von riesigen Urwäldern bedeckt. Die alten Bäume fielen in den Schlamm und versanken schließlich im Boden. Das Holz wurde von den darüberliegenden Schichten stark zusammengepreßt und verwandelte sich – im Lauf von Jahrtausenden – in Kohle.

In den letzten 200 Jahren wurde die Kohle aber bereits zum großen Teil abgebaut. Man benutzt sie zum Antrieb von Dampfmaschinen und zur Stromerzeugung, aber auch für viele andere Zwecke. Obwohl heute noch viel Kohle vorhanden ist, werden die Vorräte doch nicht für immer reichen.

Eines Tages werden auch die Vorräte in diesem großen Kohlebergwerk in Zimbabwe zu Ende gehen.

Schwarzes Gold

Erdöl wird manchmal „schwarzes Gold" genannt, weil es so wertvoll ist. Es entstand ebenfalls vor Jahrtausenden, als die Überreste von Meerestieren unter Gesteinsschichten begraben wurden. Das Öl dient als Treibstoff für Maschinen und Motoren. In Raffinerien wird daraus Benzin aufbereitet.
Es ist erstaunlich, wie vielseitig das Erdöl auch weiterverarbeitet werden kann: Bekleidungsstoffe, viele Arten von Plastik und sogar Medikamente lassen sich daraus herstellen.
Im Gegensatz zu anderen Abfällen können die meisten Kunststoffe nicht wiederaufbereitet werden, d. h. die Rohstoffe lassen sich nicht zurückgewinnen und zu neuen Produkten verarbeiten (vgl. Kapitel 16). Vielleicht kannst du dafür sorgen, daß sich in eurer Familie weniger Kunststoffabfälle ansammeln? Ihr könnt z. B. Produkte kaufen, die weniger aufwendig verpackt sind oder die wiederverwendet werden können (z. B. Mehrwegflaschen).

Diese giftigen Rauchwolken entstanden bei der Explosion einer Ölquelle in Kuwait.

Nicht erneuerbare Rohstoffe

Stelle dir vor, du bekämst eine große Geldsumme geschenkt – vielleicht tausendmal so viel, wie du schon einmal zum Geburtstag erhalten hast. So reich warst du noch nie. Du könntest morgen in die Stadt gehen und dir alles kaufen, was du dir schon seit langem gewünscht hast.
Aber halt: Wenn du das Geld ausgegeben hast, dann ist es weg. Niemand wird dir neues geben.
Wenn du es dagegen für wirklich wichtige Dinge ausgibst, wirst du lange Freude daran haben – vielleicht bis du erwachsen bist und selber Geld verdienen kannst.
Rohstoffe wie Kohle und Öl sind ein großes Geschenk, das uns nur einmal zur Verfügung steht. Wir müssen lernen, sie so vernünftig zu nutzen, daß sie möglichst lange reichen.

Eine riesige Müllkippe?

Sieht dein Zimmer manchmal aus wie eine Müllkippe? Sei froh, daß du nicht auf einer wirklichen Müllhalde leben mußt. Das wäre nicht nur ungemütlich, sondern auch gefährlich. Ganz zu schweigen von dem Gestank! Heute leben so viele Menschen auf der Welt, die so viele Dinge wegwerfen, daß die Müllbeseitigung zu einem ernsthaften Problem geworden ist.

Ist das Wasser sauber?

Sauberes Trinkwasser ist lebenswichtig. Viele Flüsse, z.B. der Rhein und die Elbe, sind jedoch mit Chemikalien aus nahegelegenen Fabriken verunreinigt. Abwasser wird oft in Flüsse und Seen geleitet. Es enthält viele Bakterien und andere Schadstoffe und muß deshalb gereinigt werden. Wenn Menschen Wasser aus verseuchten Flüssen trinken, werden sie krank. Besonders gefährlich sind Unfälle, bei denen Öl aus Schiffen und Bohrinseln ausläuft. Viele Fische, Wasservögel und andere Meerestiere müssen dann sterben. Wenn das Öl an Land geschwemmt wird, kann es große Küstengebiete verunreinigen.

Luft zum Atmen

Um gesund zu bleiben, brauchen wir saubere Luft. In vielen Industriegebieten enthält die Luft giftige Schadstoffe. Fabriken und Kraftwerke, aber auch Fahrzeuge und Heizungsanlagen verursachen Abgase, die unsere Lunge schädigen und andere unangenehme Auswirkungen haben. Selbst Pflanzen leiden unter der Luftverschmutzung: Die Sonne dringt nicht mehr voll durch die verschmutzte Luft, und auf den Blät-

Abfallbeseitigung

Haushaltsabfälle

Hast du dich je gefragt, was mit dem Abfall passiert, den du wegwirfst? Manche Abfälle verrotten auf der Müllhalde (z.B. Lebensmittelabfälle und Obstschalen). Ihre Bestandteile werden wieder verwendet, d.h. sie sind biologisch abbaubar.
Andere Abfälle können nicht auf solch einfache Weise beseitigt werden. Zu ihnen gehören die meisten Einwegflaschen und Plastikbehälter, aber auch alte Betten und Fernseher. Manches davon könnte zwar wiederaufbereitet werden, aber die Verfahren sind teuer. Gelegentlich werden Abfälle sogar in Flüsse und Seen gekippt oder auf Wiesen oder Feldern abgeladen.

Industrieabfälle

Manchmal sind in den Industrieabfällen giftige Chemikalien enthalten. Doch wohin damit?

Radioaktiv!

Kernkraftwerke erzeugen Strom, ohne Öl und Kohle zu verbrauchen. Allerdings entstehen dabei Abfälle, die radioaktiv sind: Sie geben unsichtbare Strahlen ab, die Körperzellen zerstören oder Krebs verursachen können. Ein Teil der Abfälle muß deshalb in Beton eingeschlossen und jahrtausendelang gelagert werden.

Die sichere Lagerung von Haushaltsmüll ist weltweit ein wachsendes Problem.

tern sammelt sich Staub, so daß die Pflanzen nicht mehr richtig atmen können.

In den vergangenen Jahrzehnten haben die Menschen soviel Brennstoffe für Häuser, Fabriken und Fahrzeuge verbraucht, daß der Kohlendioxidgehalt der Luft gestiegen ist. Kohlendioxid ist zwar ein ungiftiges Gas, aber wenn zu viel davon in die Atmosphäre dringt, wird es gefährlich.

Kohlendioxid wird von Bäumen und Grünpflanzen in Sauerstoff umgewandelt. Weil es heute aber nicht mehr so viele Bäume gibt, bildet das Gas in der Atmosphäre eine Schicht, die wie das Glas eines Treibhauses wirkt: Auf der Erde wird es langsam aber sicher immer wärmer. Als Folge dieses „Treibhauseffektes" könnte sogar das Polareis schmelzen und ein Ansteigen der Meere verursachen. Land würde überflutet, und Menschen könnten ihr Zuhause verlieren.

Industrieabgase verschmutzen nicht nur die nähere Umgebung. Der Abfall der Industriestaaten bedroht die Menschen auf der ganzen Welt.

Saurer Regen

Manche Abgase aus Kraftfahrzeugen, Fabriken und Kraftwerken mischen sich in der Luft mit Wasserdampf. Wenn dieses Wasser dann als Regen herabfällt, machen die Chemikalien (es handelt sich meist um Schwefeldioxid) den Regen „sauer". Wenn der saure Regen auf Flüsse und Seen fällt, tötet er mit der Zeit die dort lebenden Pflanzen und Tiere. Er schädigt auch Bäume und zerstört Gebäudefassaden. In Kanada, den USA, Schweden, Deutschland und vielen anderen Ländern zerstört der saure Regen Seen und Wälder.

Killersprays

Schädlingsbekämpfungsmittel werden bei uns oft gegen Insektenplagen eingesetzt, und starke Unkrautvertilger sollen verhindern, daß die Ernte von unerwünschten Pflanzen erstickt wird. Diese Giftstoffe können jedoch auch andere Tiere und Pflanzen töten und sogar in unser Trinkwasser gelangen.

Wie groß ist das Problem?

Schreibe vier Wochen lang auf, wie viele Eimer voll Abfälle deine Familie wegwirft. Was würdest du tun, wenn ihr den ganzen Müll behalten müßtet? Wo würdest du ihn hinbringen? Wie würde er riechen?

Vieles von dem, was weggeworfen wird, kann noch nützlich sein. Lebensmittelabfälle können auf einem Komposthaufen gesammelt werden, wo sie verrotten und dem Boden später Nährstoffe zurückgeben. Auch viele andere Abfälle sind wiederverwertbar (siehe Kapitel 15 und 16).

Reich und arm

Die Menschen gehen heute verschwenderisch mit den Rohstoffen um. Dadurch sind nicht nur Pflanzen und Tiere bedroht. Ein weiteres Problem ist, daß nur wenige Menschen einen Vorteil durch diese Ausnutzung haben, während viele andere entsetzlich arm bleiben. Sie haben nicht genug zu essen und kein sauberes Wasser. Sie hausen in schäbigen Hütten oder gar unter freiem Himmel.
Mit unserem selbstsüchtigen Verhalten nehmen wir in Kauf, daß viele unserer Mitmenschen in Armut sterben.

Fließendes Wasser

Bei uns kommt das Trinkwasser aus dem Wasserhahn. Wir benutzen es auch zum Baden und Wäschewaschen. Weil es bei uns reichlich Wasser gibt, werden jeden Tag viele Liter gedankenlos verschwendet. In armen Ländern müssen die Leute kilometerweit gehen, um einen Eimer Wasser zu holen. Wenn sie es finden, ist es manchmal schmutzig oder mit Bakterien verseucht und kann gefährliche Krankheiten übertragen.
Hilfsorganisationen sorgen für frisches Wasser in Gebieten, die von der Außenwelt abgeschnitten sind. Sie helfen bei der Wassersuche und bohren Brunnen. Dadurch kann sich das Leben für viele Familien ändern.

Versuch

Fülle einen Eimer mit Wasser und probiere, wie weit du ihn tragen kannst. Wie wäre es, wenn du doppelt so weit gehen müßtest, um all das Wasser herbeizuschaffen, das ihr jeden Tag verbraucht. Meinst du, du könntest es auf dem Kopf balancieren wie die Menschen in Afrika? (Nicht im Wohnzimmer üben!)

An manchen Orten gibt es keine gesicherte Trinkwasserversorgung. Hier hat sich der Gang zum Brunnen gelohnt.

Leben im Pappkarton

Mancher findet es schon unzumutbar, sein Zimmer mit Geschwistern teilen zu müssen. In den Ländern der Dritten Welt leben ganze Familien in einem einzigen Raum – zusammengepfercht in Notunterkünften aus Schrott und Pappkarton. Sie haben ihre ländlichen Gebiete verlassen und sind in die Städte gezogen, um sich eine einträglichere Arbeit zu suchen. Aber die meisten werden enttäuscht. In den Vorstädten leben sie dann in Barackensiedlungen, haben kein sauberes Wasser, keine richtigen Toiletten, wenig zu essen.

In diesen baufälligen Hütten in Hongkong sind viele Familien zu Hause.

Mund auf!

Nur wenige Menschen gehen gern zum Zahnarzt. Sicher: Ein Arztbesuch ist kein Vergnügen, besonders wenn man eine Spritze bekommt. In armen Ländern haben viele Menschen noch nie einen Arzt gesehen. Wenn sie Zahnschmerzen bekommen, müssen sie entweder damit leben oder den Zahn – ohne Betäubung! – von jemandem ziehen lassen, der das gar nicht gelernt hat. Die Kinder werden auch nicht geimpft. Deshalb sterben viele an Krankheiten, die mit einfachen Mitteln hätten verhindert oder bekämpft werden können. Es fehlt „nur" das Geld für die richtige Behandlung.

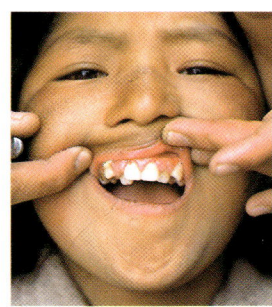

In vielen Teilen der Welt ist der Zahnarztbesuch ein Luxus, den man sich nicht leisten kann.

Arbeiten für die Reichen

Die meisten Menschen in den Entwicklungsländern arbeiten sehr hart, verdienen aber wenig Geld. Manche stellen Waren für die Menschen in den reichen Industrieländern her.
Kein Wunder, daß diese importierten Jeans so billig sind! Und der tolle Walkman: Menschen in der Dritten Welt haben ihn vielleicht bei schlechten Lichtverhältnissen zusammengebaut und sich ihre Augen dabei verdorben. (Vgl. Kapitel 19.)

In manchen Ländern werden Fabrikarbeiter gut bezahlt, in anderen haben sie kaum genug zum Leben.

Die Schöpfung erhalten

Bisher sind wir wenig sorgsam mit Gottes Schöpfung umgegangen. Können wir etwas tun, um das Gleichgewicht der Natur wiederherzustellen? Gott gab uns Phantasie und Verstand, die wir gebrauchen sollen.

Wir müssen uns entscheiden: Entweder leben wir selbstsüchtig und denken in erster Linie an uns. Oder wir lernen, mit anderen zu teilen, und verzichten auf manche Annehmlichkeiten. Das Gleichgewicht in der Natur ist bereits stark gestört, und bestimmt läßt sich das auch nicht wieder ungeschehen machen. Aber wir müssen weltweit versuchen, noch größere Schäden zu vermeiden. Diese wichtige Aufgabe dürfen wir nicht nur den Politikern überlassen. Jeder – in seinem privaten Bereich – muß mitmachen. Sonst sind alle Bemühungen zwecklos. Einige Anregungen findest du ja in diesem Buch.

Rettet die Tiere

Wir sollten dringend verbindlich festlegen, welche Tiere gejagt werden dürfen und welche nicht. Es wäre doch sehr schade, wenn manche Tiere nur um der Mode willen ausgerottet würden. Das Gleichgewicht der Natur würde darunter sehr leiden.

Früher hatten Zoos einen schlechten Ruf, weil sie wilde Tiere als Sehenswürdigkeit zur Schau stellten. Heute leisten sie einen wichtigen Beitrag zur Erhaltung gefährdeter Arten. Die Tiere werden unter geschützten Bedingungen gezüchtet und zum Teil anschließend in die Natur entlassen. Manche Tierarten konnten dadurch vor dem Aussterben gerettet werden, z. B. die arabische Oryxantilope mit ihren anmutig geschwungenen Hörnern und der amerikanische Bison.

Manchmal werden auch Naturschutzgebiete geschaffen, in denen die Tiere ungestört leben.

Das seltene Przewalski-Pferd aus der Mongolei ist der einzige wilde Verwandte unserer Hauspferde. Einige davon werden jetzt in Zoos gehalten, um ihren Fortbestand zu sichern.

Rettet die Bäume

In der Vergangenheit sind viele Wälder abgeholzt worden. Es ist wichtig, daß rechtzeitig neue Bäume gepflanzt werden, die die alten ersetzen. Dann können wir uns mit gutem Gewissen an Dingen freuen, die aus Holz gemacht sind, ohne der Umwelt zu schaden.

Da zur Papierherstellung viel Holz gebraucht wird, lohnt es sich, dieses mehrfach zu benutzen. Du kannst die Rückseite von beschriebenem Papier zum Malen, Basteln und für Notizen verwenden. Alte Zeitungen und Papierabfälle gehören in die „blaue Mülltonne" oder können zu Sammelstellen gebracht werden, damit daraus neues Papier hergestellt wird.

Verantwortliche Landwirtschaft

Landwirtschaft in Harmonie mit der Natur und nicht gegen sie – das ist möglich. Eine wichtige Regel dabei ist, daß auf einem Akker abwechselnd verschiedene Pflanzensorten angebaut werden, weil sonst der Boden ausgemergelt wird. Viele Bauern schränken bereits den Gebrauch von Chemikalien ein, um die Umwelt weniger zu belasten. Ungenutzte Felder könnten aufgeforstet werden.

Auch in der Geflügel- und Viehzucht muß sich manches ändern. Die meisten Tiere werden heute auf beengtem Raum gehalten und mit Spezialfutter gemästet. Nur wenige dürfen im Freien leben und sich von dem Futter ernähren, das ihre wildlebenden Vorfahren gesund erhalten hat. Natürlich sind die Produkte aus dieser „artgerechten" Tierhaltung etwas teurer. Wissenschaftler forschen eifrig nach neuen Nahrungsquellen für die Menschen.

Landwirte können auch ohne Gift Getreide anbauen, aber sie werden dabei etwas mehr Unkraut ernten!

Rettet die Fische

Fische legen Millionen von Eiern. Wenn weniger gefangen würden, bestünden deshalb gute Chancen, ihren Bestand wieder zu vergrößern. In einigen Staaten ist inzwischen gesetzlich geregelt, wie viele Fische gefangen werden dürfen. Andere Gesetze schreiben großmaschige Netze vor, damit jüngere Fische entkommen können.

An manchen Orten gibt es Fischfarmen. Dort werden kleine Fische unter idealen Bedingungen gezüchtet, so daß sie sich schnell vermehren. Solche Farmen könnten Fisch für die Ernährung der Menschen liefern, so daß die Fischbestände in Seen und Meeren geschont würden.

Dein eigener kleiner Garten

Vielleicht hast du zu Hause oder in der Schule ein Beet zur Verfügung. Dann überlege einmal, was du damit machen willst. Du könntest einen Baum oder wenigstens einen Strauch pflanzen – oder hast du mehr Freude an Gemüse? Wenn du beobachtet hast, wie sich die Tomaten, die Erdbeeren oder die Radieschen von klein auf entwickeln, schmecken sie dir bestimmt noch einmal so gut. Du kannst auch einen Teil deines Gartens „verwildern" lassen und so ein kleines „Naturschutzgebiet" schaffen.

Wir müssen uns einschränken

Rohstoffe, die wir dem Boden entnehmen, wachsen nicht nach. Wenn sie verbraucht sind, dann sind sie ein für alle Male weg. Darum dürfen wir sie auf keinen Fall verschwenden. Viele Materialien kann man öfter als einmal benutzen.

Recycling (Rohstoffrückgewinnung)

Nicht alles, was wir wegwerfen, ist wertlos. Manche Abfälle sind durchaus noch zu etwas Sinnvollem zu gebrauchen, wenn sie wiederaufbereitet werden.

Papier (siehe Kapitel 15) ist nur eines der Materialien, die recht leicht wiederaufbereitet werden können.

An manchen Plätzen stehen Glascontainer. Dort können Glasflaschen eingeworfen werden, aus denen neues Glas gewonnen wird.

Metall läßt sich ebenfalls leicht wiederaufbereiten. Es wird eingeschmolzen, um daraus neue Metallgegenstände herzustellen. Man braucht dafür weniger Energie als für die Verarbeitung von Eisenerz. Aluminium, Kupfer und Blei wird an manchen Stellen getrennt gesammelt. (Vorsicht: Blei ist giftig!) Vielleicht kannst du deine Familie überzeugen, diese „wertvollen" Abfälle zu den Sammelstellen zu bringen.

Wenn du Schreibpapier und Verpackungsmaterial brauchst, dann kaufe möglichst solches, das aus Altpapier hergestellt ist. Vieles davon sieht sehr hübsch aus.

Autos auf einem Schrottplatz. Das Metall dieser alten Autos kann geschmolzen und wiederverwendet werden, aber trotzdem bleibt viel Abfall übrig.

Was kannst du tun?

Kaufe umweltfreundliche Produkte. Vermeide Wegwerfverpackungen aus Kunststoff, denn sie vergrößern die Müllhalden. Es dauert 200 Jahre, bis sie zerfallen!
Fluor-Chlor-Kohlenwasserstoff oder FCKW – ein Gas, das noch in manchen Spraydosen und Kühlschränken verwendet wird, schadet der Erdatmosphäre. Es zerstört die Ozonschicht – eine Schicht hoch über der Erde, die uns vor dem ultravioletten Licht der Sonne schützt. Zu viel UV-Licht kann Hautkrebs verursachen, das Pflanzenwachstum beeinträchtigen und das Klima verändern.
Kaufe keine Sprays, die umweltschädlich sind; es gibt umweltfreundliche Zerstäuber, die ebenso praktisch sind.
Achte beim Einkaufen auf Produkte, die als umweltverträglich gekennzeichnet sind. Überzeuge deine Familie und deine Freunde, auch solche Artikel zu kaufen.

Sonne

Hoch in der Atmosphäre schützt die Ozonschicht die Erde vor den gefährlichen ultravioletten Strahlen der Sonne. Durch FCKW-Gase wird allmählich die Ozonschicht zerstört. Deshalb haben viele Länder ihre FCKW-Produktion drastisch eingeschränkt.

Ultraviolette Strahlen
Ozonschicht
Loch in der Ozonschicht
Erde

Energieverschwendung

Wir verbrauchen große Mengen Öl und Kohle, um unsere Wohnungen zu heizen. Deshalb müssen wir verhindern, daß Wärme entweicht; dann kann es mit weniger Energie ebenso warm sein.
Frage deine Eltern, ob euer Dach gut isoliert ist und die Fenster Isolierglas haben.
Es ist gedankenlos, mit dem Auto hinzufahren, wo man auch gut zu Fuß, mit dem Rad, Bus oder Zug hinkommt. Wenn es ohne Auto nicht geht, dann nehmt ihr vielleicht noch jemanden mit, der auch dorthin will.

Neue Arten der Energiegewinnung

Auf der Erde leben heute viele Menschen, die alle Energie brauchen. Welche Energiearten benutzt ihr zu Hause? Eine wichtige Rolle spielt die Elektrizität. Stelle dir einmal vor, wie sich dein Leben verändern würde, wenn es plötzlich keinen Strom mehr gäbe! Was würdest du am meisten vermissen?

Welche Arten von Energie brauchen deine Eltern für ihre Arbeit? Viele Fabriken würden ohne Brennstoff oder Strom stillstehen. Die Arbeiter würden nach Hause geschickt, und Geschäfte würden schließen, weil es nichts zu kaufen gäbe. Ohne Benzin wären Autos, Lastwagen und Traktoren nutzlos.

Der meiste Strom wird derzeit in Öl- und Kohlekraftwerken und durch Kernenergie erzeugt. Die dabei verwendeten Rohstoffe sind nicht erneuerbar. Weil sie noch für viele Jahre reichen müssen, lohnt es sich, neue Energiequellen zu erschließen, die eines Tages die alten ersetzen können.

Wasserkraft

Wasser kann Turbinen antreiben, mit deren Hilfe Strom erzeugt wird. Wasserkraft wird vor allem dort genutzt, wo es natürliche Wasserfälle gibt, etwa in Kanada, Brasilien, Norwegen und Schweden. Ein Teil des Wassers wird dann zur Stromerzeugung abgezweigt. Die gewaltigen Niagarafälle z. B. stürzen nur tagsüber mit voller Kraft herab; nachts wird ein Teil des Wassers in ein Kraftwerk geleitet.

Wo es keine Wasserfälle gibt, werden andere Kraftwerke gebaut. In bergigen Gegenden staut man Flüsse mit einem Damm auf; dahinter sammelt sich das Wasser in einem Reservoir und speist von dort aus die Turbinen. Der Nachteil dieser Methode ist, daß durch den Bau solcher Stauseen Täler zerstört werden.

Ebbe und Flut dienen ebenfalls als Energiequelle; es gibt bereits einige Gezeitenkraftwerke. Auch hier wird Wasser zur Stromerzeugung auf Turbinen geleitet.

Wasserfälle, die zur Stromerzeugung genutzt werden, sind schön und nützlich zugleich.

Sonnenenergie

Die Sonnenwärme kann in manchen Gegenden direkt als Energiequelle genutzt werden. Vielleicht hast du schon einmal „Sonnenkollektoren" auf dem Dach eines Hauses gesehen. Man kann mit Hilfe der Sonne auch Wasser erhitzen, mit dessen Dampf Turbinen angetrieben werden. Bei uns in Europa ist diese Art der Energiegewinnung allerdings noch unrentabel und ziemlich teuer. In manchen Ländern laufen Versuche, Sonnenenergie aus dem Weltraum mit Hilfe von Satelliten einzufangen!

Windkraft

Windmühlen gibt es schon seit Jahrhunderten. Moderne Windkraftanlagen können den Strombedarf kleiner Orte decken. Um jedoch ein herkömmliches Kraftwerk zu ersetzen, müßten riesige Flächen voller Windmühlen stehen!

Kernenergie

Die Energie, die gegenwärtig in Kernkraftwerken erzeugt wird, entsteht durch die Spaltung von Atomkernen. Das Gegenteil der Kernspaltung ist die Kernverschmelzung (Kernfusion) – ein technisch sehr komplizierter Vorgang. Ob man damit eines Tages kostengünstig und ohne radioaktive Abfälle Energie erzeugen kann?

Die Flügel dieser schottischen Windkraftanlage haben einen Durchmesser von 60 Meter.

Biogas

Vor einigen Jahren gab es in indischen Dörfern eine kritische Situation: Brennholz, das traditionelle Heizmaterial, war knapp geworden, so daß die Kinder kilometerweit gehen mußten, um es zu sammeln. Reiche Familien begannen, den Mist ihrer Schweine zu verheizen, aber der wurde wiederum auf den Feldern als Dünger gebraucht.
Eine Gruppe indischer Wissenschaftler entwickelte daraufhin einen Gärtank zur Vergasung von Biomasse. Es handelt sich dabei um einen Behälter, in dem aus organischen Abfällen (meist Schweinemist) Methan gewonnen wird – ein Biogas, das brennt und zum Kochen verwendet werden kann.
Für die einzelne Familie war der Tank zu teuer, aber ein ganzes Dorf konnte sich die Anschaffung leisten. Wer Schweine hatte, brachte Mist, andere gaben Küchenabfälle. Der Tank lieferte genügend Methan für alle, selbst für die Armen, die kein Schwein besaßen.
Nach der Vergärung blieb Klärschlamm übrig, der noch als Dünger zu gebrauchen war. Die Kinder konnten nun in die Schule gehen, weil sie kein Holz sammeln mußten – und auch die Bäume durften weiterwachsen. Durch diese Erfindung konnte vielen Dörfern in Indien geholfen werden. In China wird ein ähnliches Verfahren angewandt.

Alkohol am Steuer

Jeder weiß, wie gefährlich es ist, ein Fahrzeug zu steuern, wenn man Alkohol getrunken hat. Inzwischen sind jedoch Motoren entwickelt worden, die nicht Benzin oder Dieselöl brauchen, sondern Alkohol tanken. Ihr Vorteil: Sie belasten die Luft nicht mit giftigen, bleihaltigen Abgasen.

Gesund und munter

Die Weltbevölkerung hat sich in den letzten zweihundert Jahren mehrmals verdoppelt. Ein Grund liegt sicher darin, daß die Menschen gelernt haben, Krankheiten zu heilen und sich vor gefährlichen Seuchen zu schützen. Doch trotz der medizinischen Fortschritte fehlt es noch an vielem.

Überbevölkerung

Wir können auf der Erde keinen zusätzlichen Lebensraum schaffen, und wir können auch nicht ein paar Millionen Leute auf einen anderen Planeten schicken. Wenn die Weltbevölkerung aber wie bisher weiterwächst, ist die Erde überbevölkert. Was ist zu tun?
In den reichen Industrieländern bleiben fast alle Babys am Leben, und die Eltern sind nicht darauf angewiesen, daß ihre Kinder für sie arbeiten und sie versorgen. Sie haben daher meist nur wenige Kinder. In den Entwicklungsländern ist die Säuglings- und Kindersterblichkeit sehr hoch. Die Eltern wollen deshalb viele Kinder haben, damit genügend überleben, die ihnen bei der harten Arbeit helfen. Wenn Vater und Mutter alt sind, müssen die Kinder für sie sorgen. Würden diese Menschen eine bessere Gesundheitsversorgung erhalten, hätten sie wahrscheinlich von sich aus weniger Kinder.

Vernünftig essen

Die Menschen in den reichen Ländern haben nicht nur die Umwelt vernachlässigt, sondern auch ihre Gesundheit. Viele essen zu üppig und bevorzugen Speisen, die ihnen schaden.
Traurig, aber wahr: Bei uns werden Menschen krank, weil sie zu viel essen, während anderswo die Menschen krank sind, weil sie nichts zu essen haben.
Die Welt sähe anders aus, wären die Menschen bei der Ernährung einsichtiger. Die im Überfluß leben, müßten einfacher essen und dafür sorgen, daß alle etwas haben. Warum sollen die Reichen Fleisch, Kartoffeln, Gemüse und Nachtisch bekommen, während die Armen nur Reis haben?
Rede einmal mit deinen Angehörigen darüber. Wie könnt ihr als Familie dazu beitragen, daß es gerechter auf der Welt zugeht?

In manchen Ländern erhalten die Bauern von Hilfsorganisationen Saatgut, um im nächsten Jahr ausreichend Getreide zu ernten.

Dieser einfache, moderne Brunnen versorgt die Bewohner eines afrikanischen Dorfes mit frischem, sauberem Wasser.

Medizinische Versorgung

Viele Krankheiten können mit einfachen Mitteln geheilt werden; andere würden gar nicht erst entstehen, wenn die Kinder geimpft wären. In einigen armen Ländern werden Menschen zu Krankenpflegern ausgebildet, um diese Routinearbeit zu erledigen, damit die wenigen Ärzte sich um Patienten kümmern können, die schwerer krank sind.

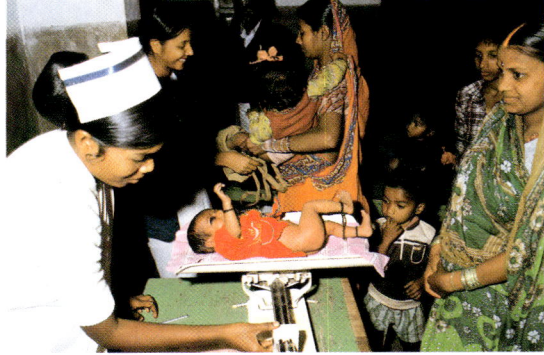

Das Gewicht der Säuglinge wird überwacht, um zu sehen, ob sie sich gesund entwickeln.

Lebenswichtiges Wasser

Oft genügt schon eine gute Trinkwasserversorgung, damit die Menschen in armen Ländern nicht so oft krank werden. Meist kann für wenig Geld ein Brunnen gegraben werden, der nicht zu weit vom Dorf entfernt liegt.

Mit Geld helfen

Vielleicht meinst du, daß viel Geld für eine bessere Gesundheitsversorgung der Menschen in den Entwicklungsländern notwendig ist. In Wirklichkeit können schon kleine Beträge helfen, Leben zu retten. Überlege, ob du mithelfen kannst.

Bleib fit!

Auch wenn es dir gutgeht, solltest du an deine Gesundheit denken. Hier sind ein paar Anregungen:

Treibe regelmäßig Sport.

Ernähre dich gesund und ausgewogen.

Gönne dir genügend Schlaf.

Alle wollen leben

Nur ein Drittel der Weltbevölkerung lebt in reichen Industrieländern und besitzt fast alle Güter der Welt. Die Menschen in den armen Ländern hätten auch gern einen höheren Lebensstandard, aber die Welt kann solchen Luxus nicht allen bereitstellen. Es gibt nur eine Lösung: Die Güter und Chancen müssen gerechter geteilt werden.
Wir sorgen alle gut für uns selbst: Wenn wir unseren Nächsten wirklich lieben würden wie uns selbst, wie es in der Bibel steht, dann ginge es auf der Welt gerechter zu.

Neue Wege finden

Viele der Ärmsten dieser Welt können keine Rücksicht auf die Umwelt nehmen. Weil sie dringend Nahrung brauchen, müssen sie so viel wie irgend möglich ernten, auch wenn der Boden ausgezehrt wird. Oder sie weiden ihre Tiere, bis kein Gras mehr vorhanden ist und das Land zur Wüste wird.
Früher konnten sie einfach in ein anderes Land ziehen; heute geht das nicht mehr: Dafür leben zu viele Menschen auf der Welt. Ein Großteil der Güter wird gebraucht, um uns Reichen das Leben noch angenehmer zu machen. Wir müssen daher gemeinsam neue Wege finden, wie das Land besser genutzt werden kann.

Fairer Handel

Die Firmen in den reichen Ländern kaufen viele Produkte in den armen Ländern der Dritten Welt. Leider ist das für die Armen oft ein schlechtes Geschäft. Warum? würde bedeuten, daß die Arbeiter in der Dritten Welt sich organisieren können und angemessen am Gewinn beteiligt werden.

Wer verpackt die Waren?

Viele Genußmittel wie Kaffee, Tee und Zucker kommen aus armen Ländern. Nach der Ernte werden die Waren in die reichen Länder transportiert, wo sie weiter verarbeitet und verpackt werden. Die Anbauer erhalten für das unverarbeitete Produkt nur wenig Geld. Sie würden viel mehr bekommen, wenn sie die Verarbeitung und Verpackung selbst übernehmen könnten.

Billigpreise

In den reichen Ländern kann man viele Dinge billig kaufen, weil die Menschen, die sie hergestellt haben, nur wenig Lohn erhalten. Fairer Handel

In Indien arbeiten viele Menschen auf Teeplantagen. Es könnten noch viel mehr Arbeitsplätze geschaffen werden, wenn der Tee gleich an Ort und Stelle verarbeitet und verpackt würde.

In Entwicklungsländern fehlen bei einem Maschinenschaden oft Ersatzteile (links). Statt hochkomplizierte Apparaturen zu liefern, wäre es besser, den Menschen einfache Geräte zur Verfügung zu stellen. Ein Beispiel ist diese windbetriebene Pumpe in Chile (unten), die gut arbeitet und leicht zu warten ist.

Die richtigen Werkzeuge

Kennst du jemanden, der sich einen Computer gekauft hat und nicht damit zurechtkommt? Hast du schon einmal versucht, deine Armbanduhr selbst zu reparieren?
In den Industrieländern werden wunderbare Geräte hergestellt: Autos, Traktoren, Werkzeugmaschinen. Leider ist es teuer, diese Maschinen zu betreiben. Außerdem braucht man meistens einen Fachmann, um sie zu reparieren. Häufig ist es gänzlich unmöglich, sie bei einem Schaden wieder zum Laufen zu bringen.
Die Entwicklungsländer kaufen oft komplizierte Maschinen für ehrgeizige Aufbauprojekte. Aber sie müssen mehr bezahlen, als sie sich leisten können, und haben oft gar keinen Nutzen davon.
Viel sinnvoller ist es, wenn die Entwicklungsländer angeleitet werden, einfache Werkzeuge selbst herzustellen und diese auch selbst zu warten. Sie sind zwar nicht ganz so leistungsfähig wie die modernen Maschinen, aber sie funktionieren wenigstens zuverlässig.

Waren aus aller Welt

Beim nächsten Einkauf im Supermarkt könntest du einmal versuchen herauszufinden, woher die Lebensmittel kommen, die ihr gewöhnlich zu Hause habt.
Zeichne eine große Weltkarte und male von jedem Produkt ein Bild an die richtige Stelle. Du wirst feststellen, daß viele dieser Köstlichkeiten aus fernen Ländern kommen. Informiere dich über die Menschen, die dort leben.

Gibt es Hoffnung?

Die Bibel sagt uns, daß Gott gerecht ist. Es betrübt ihn, wenn Menschen nur an sich denken. Gott sorgt sich um alle Menschen – auch um die Armen und Schwachen. Er sorgt sich um die Natur, die er geschaffen hat. Menschen, die Gott lieben, sollten sich um die Schöpfung und um ihre Mitmenschen kümmern. In der Bibel lesen wir:

„Bessert euer Leben und euer Tun, daß ihr recht handelt einer gegen den andern und keine Gewalt übt gegen Fremdlinge, Waisen und Witwen und nicht unschuldiges Blut vergießt ..." (Jeremia 7,5-6a).

Oder:

„Welchen Wert hat schon ein Spatz auf dem Dach? Und doch vergißt Gott keinen einzigen von ihnen" (Lukas 12,6).

Trotz allem, was wir Menschen bereits kaputtgemacht haben: Gott hält immer noch die Welt in seinen Händen. Er weiß, was die Zukunft bringen wird, und er läßt uns nicht im Stich. Das ist gut zu wissen, denn sonst müßten wir angesichts der vielen Probleme alle Hoffnung verlieren. Aber Gott handelt nicht ohne uns. Deshalb sollten wir uns bemühen, besser für die Welt zu sorgen. Gott wird uns dabei helfen.

Weniger ist mehr

Manche Menschen haben sich bewußt für einen einfacheren Lebensstil entschieden. Sie betreiben eine umweltbewußte Landwirtschaft oder leben anspruchslos und bescheiden. Gleichzeitig versuchen sie, ihre Habe mit anderen zu teilen.

Die Mennoniten, eine christliche Religionsgemeinschaft, entschlossen sich einst zu einem einfachen Landleben. Bis vor etwa 200 Jahren wurden sie in Europa verfolgt, und deshalb zogen viele von ihnen nach Nordamerika. Auch heute noch leben sie meist von der Landwirtschaft. Einige lehnen die moderne Technik ab; anstelle von Autos und Traktoren benutzen sie nach wie vor Pferd und Wagen. In ihren Küchen stehen weder moderne Herde noch Kühlschränke. Lange Zeit galten sie bei ihren fortschrittsgläubigen Mitmenschen als ein wenig verschroben. Heute aber weisen sie mit ihrem Lebensstil darauf hin, daß weniger mehr sein kann. Darum sollten wir unsere eigene Lebensweise überprüfen.

Natürlich können wir uns nicht alle auf kleine Bauernhöfe zurückziehen – soviel Ackerland gibt es gar nicht mehr. Aber egal, ob wir in der Stadt oder auf dem Land leben: Wir müssen lernen, nicht nur mit Geld verantwortungsbewußt umzugehen, sondern auch mit Tieren, Pflanzen und Rohstoffen. Wir müssen gemeinsam neue Wege finden, die Welt im Gleichgewicht zu erhalten.

Rechts: Mennonitische Bauern, die auch im 20. Jahrhundert ihren altbewährten Ackerbaumethoden treugeblieben sind.
Links: Wissenschaftler suchen nach immer neuen Möglichkeiten, die Erträge in der Landwirtschaft zu steigern.

Reich aber leer?

Die reichen Länder wissen eine Menge und besitzen einen Großteil des Geldes in der Welt. Aber sie haben nicht für alles eine Lösung!
Sogar Millionäre sind nicht immer glücklich. Eine liebevolle Familie, eine gute Freundschaft sind nicht mit Geld zu bezahlen, und in dieser Beziehung können wir von vielen Menschen in armen Ländern etwas lernen!
Noch wichtiger allerdings ist, daß wir Gott kennenlernen. Weil Gott uns geschaffen hat und uns liebt, darum entgeht uns etwas ganz Wesentliches im Leben, wenn wir nicht nach ihm fragen.
Jesus hat gesagt, daß er unsere Sehnsucht stillen kann. Das heißt: Er kann uns dauerhaft glücklich und zufrieden machen. Auch ohne die vielen Dinge, mit denen wir unsere Wohnungen vollstopfen. Mehr darüber steht in der Bibel.
Ein glückliches Leben – aber nicht auf Kosten der Natur und anderer Menschen –, das ist möglich, wenn wir eine neue Lebensweise finden, die dem Willen Gottes besser entspricht.

Auf der ganzen Welt lesen Menschen die Bibel. Sie zeigt uns auch, daß wir füreinander sorgen und mit anderen teilen sollen.

Stichwortverzeichnis

Abfall 6, 10, 12, 13, 16
Abgase 13
Afrika 2, 3
Algen 4
Amphibien 5
Anpassung 1, 7, 8
Antarktis 4
Äquator 2
Arbeitsplätze 19
Arktis 4, 8
Armut 14, 18, 19, 20
Arten 1, 7, 9, 10, 15
Artgerechte Tierhaltung 15
Ausrottung 10, 15, 9
Australien 3, 8

Bakterien 6, 13, 14
Bär 2, 10
Eisbär 4, 8
Bäume 1, 2, 5, 10, 11, 13, 15
Bergbau 12
Biber 2, 5, 10
Biogas 17
Bison 3, 15
Boden 1, 10, 11
Bodenschätze 9, 12, 14, 20

Chemikalien 13

Dinosaurier 7
Dschungel 2

Ebenen 3
Einfaches Leben 20
Eis 4
Elefant 1, 2, 3, 10
Elektrizität 9, 17
Elfenbein 10
Energiesparen 16
Epiphyten 2
Erdöl 9, 12, 13, 17
Erosion 11
Eskimo 8

FCKW 13, 16
Fische 2, 4, 5, 10, 15
Fitness 18
Fossilien 7, 12
Fuchs 2, 4

Garten 15
Gebirge 1, 4
Gestein 7, 12
Gesundheit 14, 18
Glasflaschen 16
Gleichgewicht der Natur 1, 7, 8, 9, 15, 20
Gras 3, 4, 11, 18
Grasland 1, 3

Handel 19
Hefe 6
Höhlenbewohner 10

Indianer 8, 10
Industrielle Revolution 9
Insekten 3, 5, 10

Jagd 10, 15

Kakteen 1, 4
Kälte 1, 2, 4
Känguruh 3
Kamel 1, 8
Keime 6
Kernenergie 17
Kernfusion 17
Klima 1, 4, 7, 16
Kohle 9, 12, 17
Kohlendioxid 1, 13
Kolibri 2
Kompost 6, 13
Korallenriffe 5
Kraftwerke 13, 17
Krankheiten 6, 14, 18
Krustentiere 5
Küste 5
Küstenseeschwalbe 1
Kunststoff 12, 16

Landwirtschaft 9, 11, 15, 20
Lappland 8
Laubdach 2
Lebensraum 1, 2 4, 7, 9, 11
Lebensstandard 19
Leopard 3, 10
Licht 1
Luft 13

Malaria 6
Medizin 6
Meer 5, 8, 10, 13
Mennoniten 20
Metall 16
Methan 17
Mikroben 6
Mikroskop 6
Mineralien 12, 16, 17
Moose 4
Moskitos 6
Müll 13

Nahrung 1, 2, 18, 19
Nahrungskette (Diagramm) 1
Naturschutzgebiete 3, 15
Nomaden 8
Nordamerika 3, 4, 8
Nordpol 1, 4, 8

Oase 8
Ökosystem 1, 8
Orang-Utan 10
Ozean 5
Ozonschicht 13, 16

Panda 7
Papier 11, 15, 16
Parasiten 6
Pelz 1, 10
Penicillin 6
Pestizide 13

Pflanzen 1, 10, 11, 13, 14, 15, 20
Photosynthese 11
Pilze 6, 15
Pinguin 1, 4
Plastik 12
Polarkreis 4
Prärie 3, 8, 11

Radioaktivität 13
Recycling 1, 12, 13, 15, 16
Regenwald 2, 7, 8, 11
Robbe 4, 5, 8
Rohstoffe 12, 16

Sauerstoff 11
Säuglingssterblichkeit 18
Saurer Regen 13
Savanne 3
Schädlingsbekämpfung 13
Schalentiere 5
Schatten 2
Seen 5
Sonne 1, 16
Sonnenenergie 11, 17
Sonnentau 1
Spezialisierung 9
Spraydosen 16
Steppe 3
Südamerika 2, 10
Südpol 1, 4

Tarantel 10
Tarnung 1
Teiche 5
Tiere 1, 2, 3, 4, 5, 9, 10, 15
Tierschutzverein 10
Tierwelt 1, 7, 9, 10, 20
Treibhauseffekt 13
Tundra 4

Überbevölkerung 18, 19

Unterkunft 1, 2, 3, 4, 5, 8, 9

Viehzucht 15
Viren 6
Vögel 1, 2, 3, 4, 5, 10
Vulkan 7

Wal 4, 5
Wald 1, 2, 7, 8, 10, 11, 13, 15
Wasser 1, 2, 3, 4, 5, 13, 14, 17, 18
Wasserkraft 17
Watt 5
Windmühlen 17
Winterschlaf 1
Wüste 1, 4, 8, 11, 19

Zoo 10, 15